Gudrun Zapf von Hesse

Bucheinbände · Handgeschriebene Bücher

Druckschriften · Schriftanwendungen

und Zeichnungen

Gesellschaft zur Förderung der Druckkunst

Leipzig 2002

ISBN 3-920856-27-9

EINFÜHRUNG

Das Œuvre von Gudrun Zapf von Hesse erinnert an Künstler, die in mehreren künstlerischen Disziplinen bewandert waren und in jeder einzelnen Hervorragendes leisteten. Gudrun Zapf von Hesse ist Schriftkünstlerin, Schriftentwerferin und Buchbinderin, die auch malt und zeichnet. Der Weg zur Schrift war schon von ihren Vorfahren vorgezeichnet, nämlich von dem Schriftgießer Johann Luther (1588–1657) in Frankfurt am Main und seinen Erben; 1780 ging die Luthersche Schriftgießerei an Karl Konstantin Viktor Berner über, der sie als Bernersche Schriftgießerei fortführte. Und den Schriftgießereien war Gudrun Zapf von Hesse als Schriftentwerferin eng verbunden.

Schon mit Beginn ihrer Buchbinderlehre lernte sie das Schriftschreiben und bildete sich nach Büchern von Rudolf Koch und Edward Johnston selbst weiter, was ihre ersten handgeschriebenen Bücher zeigen. 1941 konnte sie, neben ihrer beruflichen Tätigkeit in Berlin, ein Semester am Schriftunterricht von Johannes Boehland teilnehmen. Von 1946 bis 1954 war sie Lehrerin für Schrift an der Städelschule, Staatliche Hochschule für Bildende Künste, in Frankfurt am Main.

Ihre Buchbinderlehre und die Gesellenjahre verbrachte sie bei dem damals berühmten Buchbinder Otto Dorfner in Weimar 1934 bis 1940 mit dem Abschluß der Meisterprüfung. Von 1946 bis 1955 betrieb sie eine eigene Buchbinderwerkstatt in Frankfurt am Main.

Das Schreiben und Schriftentwerfen sowie das Buchbinden erfordern unbedingte Disziplin in der technischen Präzision und ganze Hingabe. Bei Gudrun Zapf von Hesse kommt das angeborene Gefühl für Maß und Proportion hinzu, ihre Werke beweisen das, besonders an ihren Einbänden, wo Maßhalten und Sichbescheiden im Dekor ihren künstlerischen Stil bestimmen. Schließlich ist ihre Liebe zur Natur und zu den kleinen Dingen in ihren oft hauchzarten Zeichnungen und in den farblich verhaltenen Aquarellen erkennbar. Bei der

Schrift spielt das Gefühl eine ganz wesentliche Rolle. Fragt man einen Leser, wie ihm die Schrift im Buch gefallen habe, weiß er meist nur zu sagen, daß es eine Druckschrift war. Gewiß, aber wie war die Druckschrift? War sie zart, blumig oder duftig, lieblich? Oder war sie offen, licht und freundlich – oder war sie hart, stoßend, bizarr, expressiv oder eckig und kalt? Ja, man kann Schriften mit solchen und noch vielen anderen Eigenschaftsworten beschreiben und kennzeichnen. Kenner könnten sofort einige Schriften nennen und mit den genannten entsprechenden Eigenschaftsworten in Verbindung bringen. Aber der normale Leser nimmt die Eigenschaften der Schriften kaum oder gar nicht wahr, das ist auch nicht weiter schlimm. Doch eines ist sicher: Jede Druckschrift hat einen ganz eigenen Duktus, eine eigene Aura und einen ganz eigenen Stil, auch eine eigene Stimmlage, laut oder leise. In der Musik sind uns Modulationen geläufiger; wir vermögen sehr bewußt die melancholische Anmutung eines Adagio in Moll vom jubelnden Fanfarenklang in C–Dur zu unterscheiden. Auf welche Weise auch immer eine Information, eine Aussage oder Erzählung verbal oder visuell vermittelt wird, es ist grundsätzlich immer eine Anmutung im Spiel, die dem Vermittelten eine gewisse Färbung beimischt.

Im Atelier von Gudrun Zapf von Hesse erlebte ich die lapidare Gewalt der Sprache am Beginn der Genesis ganz anders und viel tiefer als je zuvor, eben in der Kraft des auf großem Format geschriebenen Bibeltextes. Die Handschrift läßt die Monumentalität dieser Sprache erkennen und neu erleben; ja, diese großen Schriftblätter fordern dazu auf, den Text laut zu lesen, gehobene Sprache in Lyrik und Prosa erlebt man erst richtig beim lauten Lesen. Einen Wechsel zwischen zwei Schriftformen erleben wir in der Handschrift der sechs Renaissance-Sonette, die höchst anmutig fließende Schrift in der Art einer Civilité aus dem 16. Jahrhundert in Schwarz und die Antiquazeilen in Rot. Feierlich abgehoben aus dem Alltäglichen ist auch die im 5. Jahrhundert sich entwickelnde Unziale. Mit ihr schrieb Gudrun Zapf die Matthäuspassion im großen Format mit dem herrlichen Schlußtext SOLI DEO GLORIA. Und dann gibt es die Handschrift »Aus dem Hyperion« von Friedrich Hölderlin, sie wurde zum Vorbild ihrer ersten Druckschrift, der sehr erfolgreichen »Diotima« Antiqua.

Die Künstlerin hat einen sehr guten Satz von Romano Guardini geschrieben: »Jeder Buchstabe ist eine kleine wohlausgewogene Figur. Es gibt auch schlechte Schriften, sobald aber eine edel ist, sieht man, wie jeder Buchstabe in sich ruht.« Das trifft in vollem Umfang auf die Buchstabenformen der »Diotima« zu. Die ersten Entwürfe dazu entstanden 1948. Drei Jahre später erschien sie bei der Schriftgießerei D. Stempel AG in Frankfurt.

Der Laie kann sich nur schwer vorstellen, was es heißt, eine Druckschrift zu entwerfen, die in allen Schriftgraden gleich gut wirkt, bei der alle Buchstaben in allen möglichen Kombinationen mit ihren Nachbarbuchstaben das Gleichmaß einhalten, keine Löcher oder Engstellen zeigen und die zudem sich noch in ihrem individuellen Ausdruck von allen anderen Antiqua-Schriften unterscheidet.

Was ich anfangs zur Aura einer Druckschrift sagte, möchte ich kurz am Beispiel der »Diotima« vertiefen. Die Schriftprobe nennt sie im Vorwort »die fast klassizistisch strenge, herbe Diotima«. Ich möchte sie eher klassisch nennen, denn klassizistisch wirkt immer kühl und streng und weist auf manierierte Klassik hin. Die »Diotima« weist alle Merkmale auf, die in der klassischen Antiqua bereits in der Capitalis Quadrata ausgebildet waren und in der neuen Klassik, der Renaissance, von den Italienern neu formuliert wurden. Diese Merkmale sind Linienschwellungen in den Rundungen und keine harten Kontraste in den Grundstrichen, während die harten Kontraste (Haarlinie neben kräftigen Grundstrichen) geradezu Kennzeichen der klassizistischen Schriften sind.

Diese Kennzeichen trägt aber auch die Schrift »Nofret« von Gudrun Zapf von Hesse, wie ein Vergleich deutlich macht. Die »Nofret« ist kühl und streng, nicht die »Diotima«, die viel mehr Wärme ausstrahlt. Der Gestaltungsmodul der »Nofret« ist von exaktester Präzision, sie distanziert den Leser in ihrer Ratio, während die »Diotima« im lebendigen Spiel der Schwellungen und im Erinnern an das Geschriebene den Leser anzieht, in den Duktus mit einbezieht. So sind es vor allem Gründe der sachlichen Aura, welche die Fachhochschule Hamburg die »Nofret« als Hausschrift wählen ließ, und es ist die Aura der gewinnenden Wärme, welche die New York City Opera die Schrift »Diotima« wählen ließ. Es geht bei alledem nur um Nuancen, aber ein genauer Leser und Betrachter wird das alles erkennen, vor allem im Vergleich. Der »Diotima« folgten bei der Schriftgießerei D. Stempel AG in Frankfurt außerdem noch die Versalschrift »Smaragd« als graziöse Titel- und Kartenschrift mit einer Verdoppelung der Grundstriche und die musikalisch beschwingten Initialen der »Ariadne«.

Druckschriften in der Zeit des Bleisatzes entstanden in mühsamen Arbeitsgängen in enger Zusammenarbeit mit den Stempelschneidern. Vom Entwurf der Grundform einer Schrift über den Stempelschnitt, über verschiedene Andrucke und Korrekturen, über die Matrizenherstellung bis zur fertig gegossenen Drucktype verstrichen Monate und auch Jahre. Und auch in der digitalen Schriftherstellung durch den Computer braucht es viele kleine Schritte. Der Vergleich einiger Schriften untereinander zeigt auch schon in der Namensgebung die Unterschiede an: Die »Carmina« von Bitstream weist in den kühleren, sachlichen Bereich, während die »Colombine« das Tänzerische, Leichte und Heitere der Commedia dell'arte vermittelt; dagegen läßt die »Alcuin« deutlich als Grundlage ihres Entwurfes die karolingische Minuskel erkennen; Alcuin war als Berater Karls des Großen für die Schriftreform der Karolinger verantwortlich. Die Grundlage aller von Gudrun Zapf von Hesse entworfenen Druckschriften ist das Schreiben mit der Breitfeder, und diese kalligraphische Grundlage ist immer spürbar.

Von Schiller stammt der schöne Satz: »Körper und Stimme leiht die Schrift dem stummen Gedanken, durch der Jahrhunderte Strom trägt ihn das redende Blatt.« Das zielt eindeutig auf die kommunikative Funktion der Schrift. Aber die Schrift hat auch hohe ästhetische Werte und Reize in sich selbst. Darauf verweisen die Worte von Kandinsky: »Buchstaben sind praktische und nützliche Zeichen, aber ebenso reine Formen und innere Melodie.« Dieses künstlerische Spiel mit Buchstaben als Bausteine einer ornamentalen Komposition finden wir in mehreren Blättern der Künstlerin, mehrfarbig, teils zusammengefügt aus ausgeschnittenen Buchstaben mit schönen Texten, wo die kommunikative Funktion mit der ästhetischen harmonisch einhergeht. Dazu noch ein Zitat, es stammt von unserem gemeinsamen langjährigen Freund Paul Standard: »Geometry can produce legible letters, but art alone makes them beautiful«, dargestellt in einem Blatt mit ineinandergefügten Buchstaben des Alphabets.

Eine besonders schöne und herausragende Arbeit, das Pergamentblatt »Der Nachtigallenbaum«, läßt mich hier auf die andere Gudrun Zapf von Hesse zu sprechen kommen. Sie gehört zu den wenigen mir bekannten Doppelbegabungen und Doppelausbildungen in Schriftkunst und Buchbinden. Die beiden anderen Künstlerpersönlichkeiten, die mir dazu einfallen, waren Eva Aschoff, deren Werke im Klingspor-Museum vertreten sind, und der 1956 in die USA ausgewanderte, 1997 verstorbene Fritz Eberhardt, der in Leipzig bei Ignatz Wiemeler das Buchbinden und bei Rudo Spemann Schreiben gelernt hatte. Alle drei wahre Meister in beiden Disziplinen.

Im »Nachtigallenbaum« ist ein Blätterdekor in freier spielerischer Anordnung mit Buchstabenstempeln auf Kalbspergament in Goldprägung ausgeführt. Wenn ich als Beispiel einer vollkommen harmonischen Einheit der Schriftkünstlerin und der Buchbinderin auf den »Nachtigallenbaum« hinwies, so gilt das auch für das Blatt mit dem folgenden ergreifenden Text von Gerhard Marcks: »Die Blume stirbt zur Frucht, die Frucht zum Samen. Der Same stirbt zur neuen Pflanze hin. Wir gehen den Weg, woher wir kamen. Geburt ist Tod, und Tod ist Neubeginn.« Auch hier die Goldprägung mit selbstgeschnittenen Stempeln auf Ziegenpergament. Übrigens hat Paul Klee diesem Gedanken von Gerhard Marcks, wohl ohne ihn zu kennen, in seinem zauberhaften Bild »Die Landschaft mit den gelben Vögeln« von 1923 Ausdruck gegeben.

Im ganzen zeigt sich in den Handeinbänden ein strengerer Stil, der wohl auf die Einbandgestaltung von Otto Dorfner zurückgeht, dessen Einbände zu den Drucken der Cranach-Presse in Weimar zu den besten der deutschen Einbandkunst gehören. Ihre gestalterische Strenge beruht auf dem äußerst sparsam eingesetzten Dekor. So lassen auch Dorfner und Wiemeler den Einfluß des Bauhauses auf ihre Kunst erkennen.

Von fester geometrischer Strenge ist der Ganzfranzband mit Blinddruck in Linien- und Bogensatz zu »Vincent van Gogh«. Ein sehr schönes zinnoberrotes Maroquin-Leder mit einem geometrisch aufgebauten Gerüst aus blind-geprägten Linien, im oberen Feld der Name des Künstlers in der gleichen Linienstärke geprägt. Der Einband wirkt in seinem tektonischen Aufbau und seiner Klarheit wie ein an den Künstler gemahnendes Monument. Welches sinnvolle Maßhalten bei einem Thema, das manchen anderen Buchbinder verführt hätte, etwas in der Art des Malers auf den Einband zu bringen.

Weit entfernt von Dorfners Stil ist der Einband zu dem Buch »Gedichte auf Blumen und Früchte«, ein grüner Lederband mit einem Rapport von blindge-prägten Blattmotiven und aus je vier kleinen Kreisen gestalteten Motiven in Goldprägung. Das gibt dem Buch den angemessenen Dekor, ohne eine reliure parlante zu sein. Meisterhaft auch der Einband zu D'Otremont »L'amour déraisonable« mit frei verteilten Sternchen in Goldprägung und dunklen Linien in Blinddruck. Durch die in das Leder geprägten Linien bekommt der Dekor etwas Lebendiges, auch die Rückenbeschriftung ist in Goldprägung. Der Einband zu »Das Blumen ABC« von Hermann Zapf wurde als flexibler Ganzlederband aus weinrotem Oasenziegenleder mit Kopfgoldschnitt, hand-umstochenem Kapital und Vorder- und Rückseitenvergoldung ausgeführt.

Er gewinnt seinen blumigen Charme durch die in kleinen Kreuzformen geprägten Zierstempel in Gold, welche die Buchbinderin entworfen hat.

Für die Beschriftung auf den Einbänden von Gertrud von le Fort »Plus ultra«, 5. Druck der Trajanus-Presse, Frankfurt am Main, 1953, wurde die »Diotima« verwendet, aus der auch der Text gesetzt wurde. Es ist für den nicht fachkundigen Betrachter höchst interessant und aufschlußreich, die vier von Gudrun Zapf von Hesse zu diesem Buch geschaffenen Einbände in ihrer Verschiedenheit zu sehen. Maßvolle Strenge in allen Einbänden und zugleich eine subtile Erhöhung des Buches durch Farben und Liniendekor oder goldgeprägter Schrift oben und unten. Bewundernswert ist die Rückenbeschriftung in Gold, in einem Schriftgrad von 36 Punkt über den gerundeten Rücken, eine handwerkliche Meisterleistung. In diesen Einbänden, wie auch in allen anderen, läßt die Künstlerin der Eigensprache des Leders in seinen verschiedenartigen Strukturen viel Raum; man spürt, sie liebt das Material.

Goethes »Italienische Reise« zeigt sich in grünem Maroquin-Ecraséleder mit Liniendekor, Steh- und Innenkantenvergoldung und dreiseitigem Goldschnitt. Bei dem Einband in rotem Leder zu Goethes »Faust« ergibt sich der Dekor aus den zueinander versetzten Linienunterbrechungen. Ferner sei noch der rote Ledereinband zu den »Minneliedern« des Walther von der Vogelweide genannt, mit Linien- und Bogensatz in Blinddruck.

Ich möchte diese Einführung abschließen mit dem Hinweis auf einige Schriftblätter: »In principio erat verbum« mit ausgeschnittenen Buchstaben; die Bleistiftzeichnung »The last thing to learn« mit einer plastischen Tiefenwirkung, als ob die Buchstaben übereinanderliegen; Longfellows »Ships that pass in the night ...« mit den geometrisch angelegten hellen Schriftstreifen in dunklen Feldern und das Blatt mit dem wunderbaren Satz aus »Le petit prince« von Antoine de Saint-Exupéry »On ne voit bien qu'avec le cœur« (Man sieht nur mit dem Herzen gut). In diesem blau und gelb angelegten Schriftblatt sind die Antiquaversalien eng ineinander verflochten.

Betont sei auf eine weitere Handschrift hingewiesen: »Der Eid des Hippokrates«, 1948 in Frankfurt am Main in sepiafarbigen Antiquaversalien und dichter Zeilenfolge geschrieben. Auf dieser Doppelseite wird die zeitlose Gültigkeit dieses großen Textes herausgestellt.

Im Jahr 1991 hat man das Schriftschaffen von Gudrun Zapf von Hesse mit der Verleihung der höchsten amerikanischen Auszeichnung auf dem Gebiet der Schrift- und Buchkunst bedacht, dem Frederic W. Goudy Award. Eine wahrhaft verdiente hohe Ehrung.

Und wahrhaft verdiente Bewunderung gebührt der Künstlerin dafür, daß sie ihr künstlerisches Schaffen neben ihrem in der Schriftkunst weltweit angesehenen Ehemann Hermann Zapf in konsequenter Eigenart verwirklicht hat. Die Beschäftigung mit dem Werk von Gudrun Zapf von Hesse war für mich einmal mehr die Bestätigung, wie aufregend, schön und bereichernd der Umgang mit Schrift, Buch und Einband sein kann, auch mit der Typographie, für die Hermann Zapf in seinem »Manuale Typographicum« und seinen anderen Büchern großartige und meisterhafte Beispiele vorführt. Ich kann einfach nicht begreifen, warum sich fast keine anderen Kunstwissenschaftler mit der Typographie und Schrift und dem Buchbinden befassen. »schri kunst schri dich begert man nime mi« – dieser Aufschrei des Malers Lukas Moser in seiner Inschrift auf dem Tiefenbronner Altar von 1431 wird wohl im Hinblick auf die in diesem Buch dokumentierten Künste noch lange Gültigkeit haben.

Hans A. Halbey

Bucheinbände – Weimar, Bad Ischl und Frankfurt am Main

Vier Pergamenteinbände mit handgeschriebenen Titeln

Rainer Maria Rilke, Ein Brief an Gräfin Sizzo

Rainer Maria Rilke, Cornet

André Gide, Die Rückkehr des verlorenen Sohnes

Rudolf Koch, Das Zeichenbuch

Weimar 1935 – 1937

Rilke / Ein Brief an Gräfin Sizzo

Rilke, Cornet

André Gide: Die Rückkehr des verlorenen Sohnes.

Rudolf Koch / Das Zeichenbuch

Ernst Elias Niebergall, Datterich

Localposse in der Mundart der Darmstädter in sechs Bildern

Verlag von L. Papst, Darmstadt 1841

Erstausgabe

Format: 17,5 x 11 cm

Pappband

Rücken oben und unten mit Pergament verstärkt,

Bezug Marmorpapier, handumstochenes Kapital.

Vorderseite rotes Lederschild mit Goldlinien umrandet und Goldtitel.

Rücken: Lederschild mit Titel.

Weimar 1936

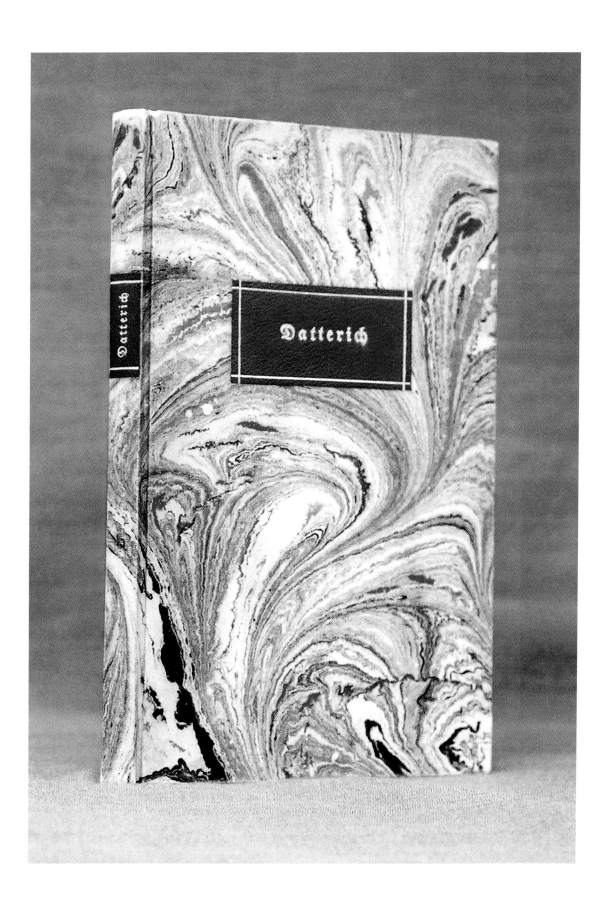

Walter Hege/Wilhelm Pinder, Der Naumburger Dom
Deutscher Kunstverlag Berlin 1935

Format: 30,5 x 23 cm

Halbfranzband
Rücken rotes Oasenziegenleder, Bezug graues Romabütten,
Kopfgoldschnitt, handumstochenes Kapital.
Rücken: Längstitel gezeichnete Schrift,
mit Linien und Bogensatz vergoldet.

Weimar 1936

De Coster, Tyll Ulenspiegel und Lamm Goedzak

Eugen Diederichs Verlag Jena 1936

Format: 20,5 x 12,5 cm

Ganzfranzband

Hellbraunes Schweinsleder, sechs Bünde,

brauner Kopffarbschnitt, handumstochenes Kapital.

Auf Vorderseite und Rücken gezeichnete Schrift,

ausgeführt mit Liniensatz in Blinddruck.

Weimar 1936

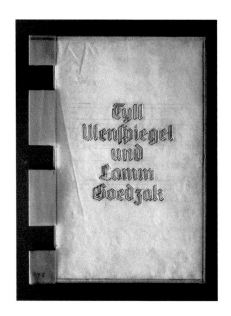

Pause mit der gezeichneten Schrift für den Vordruck

The Cary, Graphic Arts Collection

Rochester Institute of Technology, Rochester/New York

Walther von der Vogelweide, Minnelieder
Handgeschrieben

Format: 29,5 x 23 cm

Ganzfranzband, rotes Oasenziegenleder,
Kopfgoldschnitt, handumstochenes Kapital.
Vorder- und Rückseite Blinddruck mit Bogensatz.
Rückentitel gezeichnete Schrift,
ausgeführt in Blinddruck mit Linien- und Bogensatz,
Schrift: Unziale.
Steh- und Innenkanten Vergoldung.

Weimar 1936

Adalbert Stifter, Der Nachsommer

Insel Verlag Leipzig

Format: 20 x 12,5 cm

Ganzfranzband, hellbraunes Oasenziegenleder,

Kopfgoldschnitt, handumstochenes Kapital.

Vorder–, Rückseite und Rücken Linien in Blinddruck,

Titel in Gold.

Innenkante eine Goldlinie.

Weimar 1936

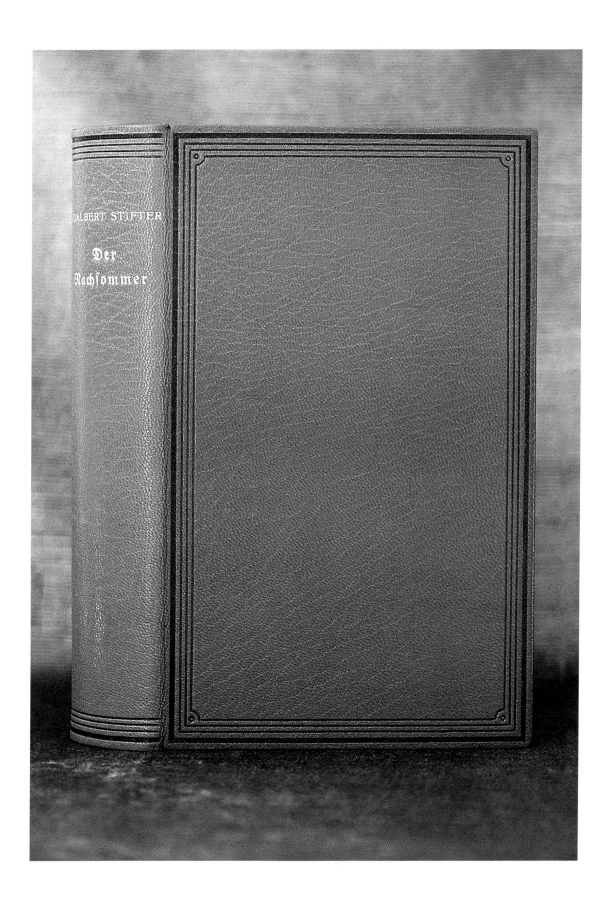

Joseph Conrad, Die Schattenlinie

S. Fischer Verlag

Format: 20,5 x 12 cm

Ganzfranzband, rotes Oasenziegenleder,
auf sieben echte Bünde geheftet, Kopfschnitt Silberoxyd,
handumstochenes Kapital, fester Rücken.
Vorderseite gezeichnete Schrift
mit Linien- und Bogensatz in Oxyd gedruckt.

Weimar 1937

‚Rainer Maria Rilke, Briefe an einen jungen Dichter
Insel Verlag Leipzig

Format: 18 x 12 cm

Ganzfranzband, schwarzes Kalbsleder,
dreiseitiger Goldschnitt, handumstochenes Kapital.
Vergoldung mit der Rolle auf Vorder- und Rückseite.
Rückentitel und Querlinien in Gold.
Stehkanten Linienvergoldung, Innenkanten zwei Goldlinien.

Weimar 1937

Johann Wolfgang von Goethe, Faust

Insel Verlag Leipzig

Format: 18,5 x 11 cm

Ganzfranzband, karmesinrotes Maroquin-Ecraséleder,

dreiseitiger Goldschnitt, handumstochenes Kapital.

Vergoldung auf Vorder- und Rückseite mit Rolle und Liniensatz.

Rückentitel und Fortführung der Linien auch auf den Stehkanten.

Innenkanten vier Goldlinien.

Weimar 1937

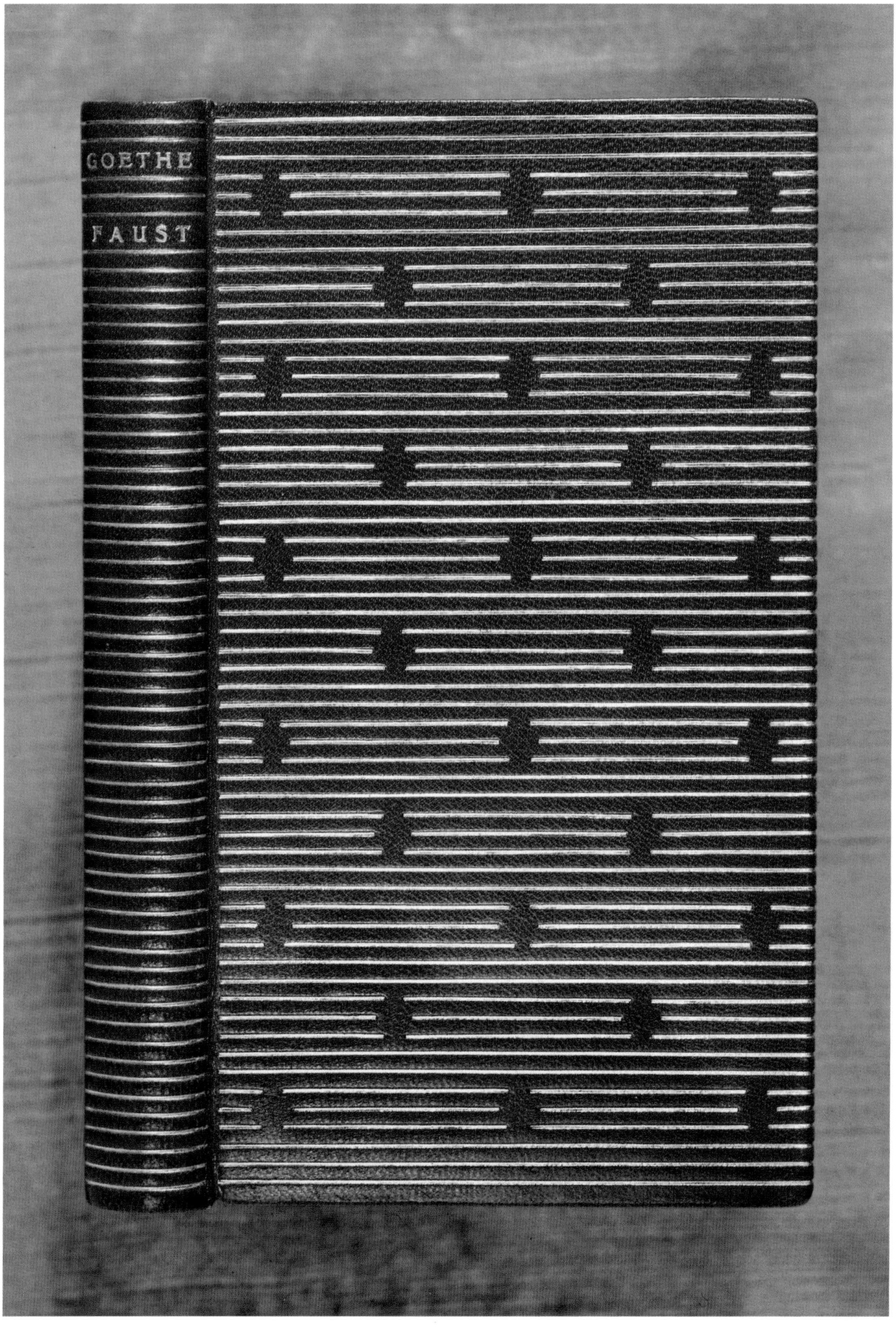
GOETHE
FAUST

Hölderlin, Hyperion
Insel Verlag Leipzig

Format: 19,5 x 12 cm

Ganzfranzband, leuchtend blaues Maroquin–Ecraséleder,
Kopfgoldschnitt, handumstochenes Kapital.
Vorder- und Rückseite mit Rolle, Liniensatz und Zierstempel vergoldet,
Rücken: Fortsetzung der Linien, Titel und Zierstempel in Gold.
Steh- und Innenkanten Goldlinie.

Weimar 1937

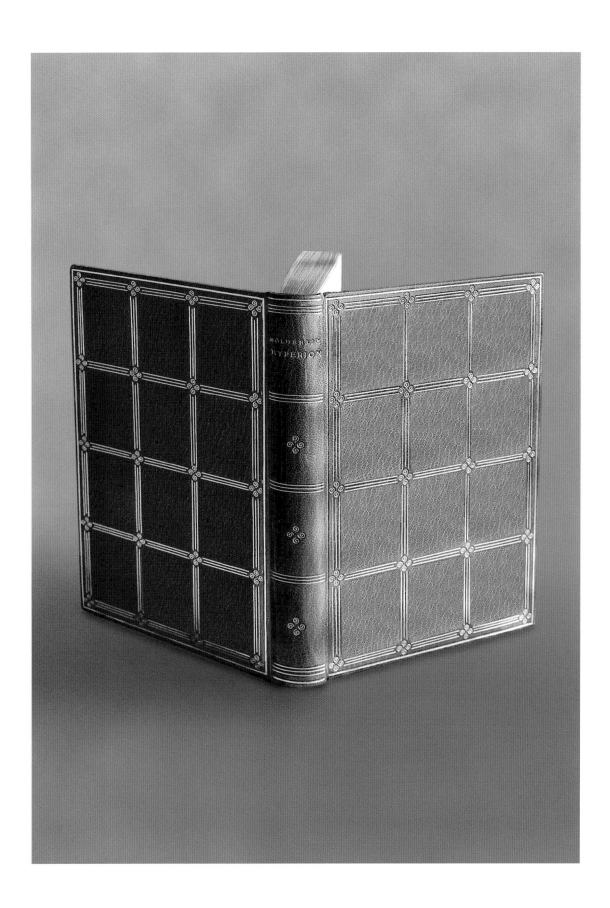

Armin Renker, Das Buch vom Papier

Insel Verlag Leipzig

Format: 24,5 x 16 cm

Ganzpergamentband, Kalbspergament,
auf fünf Pergamentstreifen geheftet, durchgezogene Bünde,
Kopfgoldschnitt, handumstochenes Kapital.
Auf der Vorder– und Rückseite je eine dickere Linie
zwischen Falz und Bünde gedruckt.
Auf dem Rücken vier Goldlinien auf den Bünden,
am Kopf und unten je eine dickere Linie, Goldtitel.

Weimar 1937

Fünf Einbände mit verschieden gestalteten Lederrücken

Hans Sachs, Gedichte und Dramen

Johann Wolfgang von Goethe, Von der dreifachen Ehrfurcht

Das Puppenspiel vom Doktor Faust

Wilhelm Waetzold, Dürer und seine Zeit

Franz Kugler, Adolph Menzel, Geschichte Friedrichs des Großen

Vincent van Gogh

George Allen & Unwin Ltd. London

Format: 36,5 x 26,5 cm

Ganzfranzband, zinnoberrotes Maroquinleder,
neun Bünde, Kopfgoldschnitt, handumstochenes Kapital.
Vorder- und Rückseite Blinddruck, mit Rolle, Linien- und Bogensatz,
gezeichnete Schrift.
Linien der Vorder- und Rückseite auf den Stehkanten weitergeführt.
Rückentitel in Gold.
Innenkanten mit zwei Linien vergoldet.

Weimar 1940

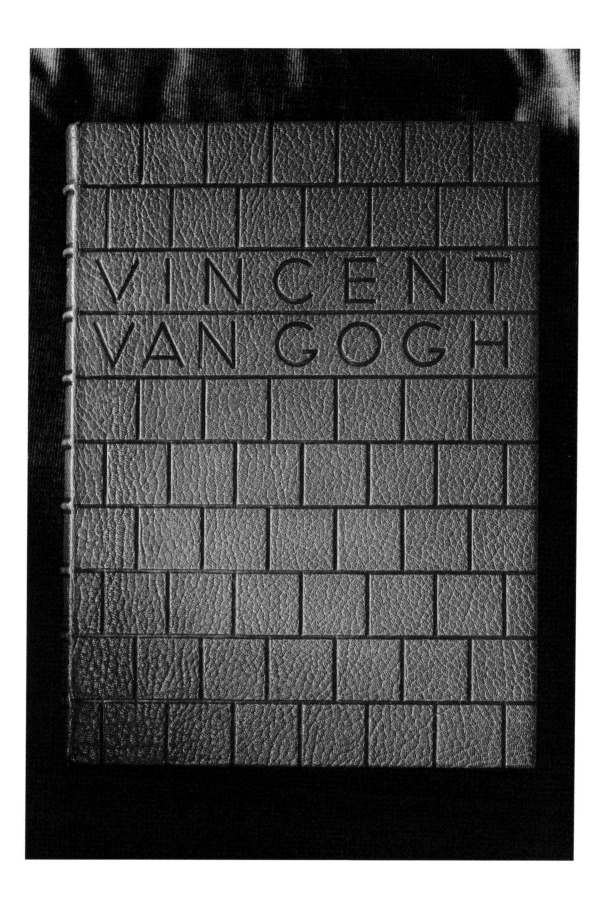

Schreibbuch im Querformat

Format: 17 x 23 cm

Ganzfranzband, zinnoberrotes Oasenziegenleder,
Kopfgoldschnitt, handumstochenes Kapital.
Vorder- und Rückseite Vergoldung,
mit Linienrolle und Punktstempel
Rückenvergoldung mit Filete und Punktstempel.
Stehkanten Linienvergoldung, Innenkanten zwei Linien in Gold.

Frankfurt am Main 1946

Schreibbuch mit Büttenpapier

Format: 38,5 x 28,5 cm

Geschäftsbuchbindung,
Rücken graues Maroquinleder, Überzug Schafspergament,
Kopfgoldschnitt.

Weimar 1940

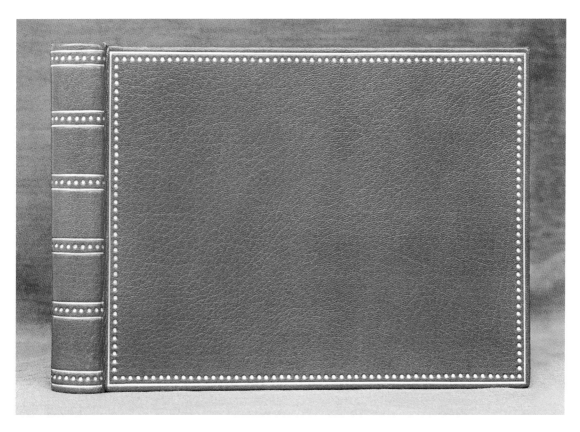

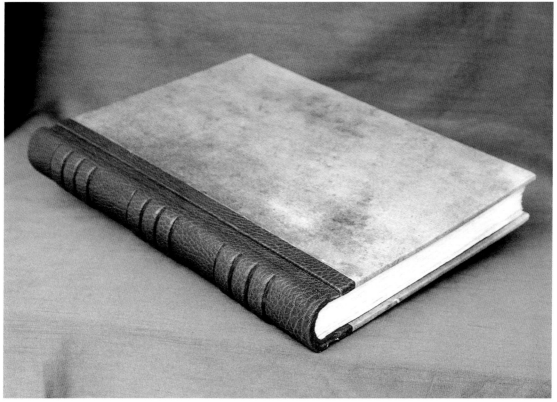

Johann Wolfgang von Goethe, Italienische Reise

Insel Verlag Leipzig

Format: 18 x 10,5 cm

Ganzfranzband, grünes Maroquin-Ecraséleder,

dreiseitiger Goldschnitt, handumstochenes Kapital.

Vergoldung auf Vorder- und Rückseite mit Rolle und Liniensatz.

Rücken: Fortsetzung der Goldlinien und Titel.

Bad Ischl 1944

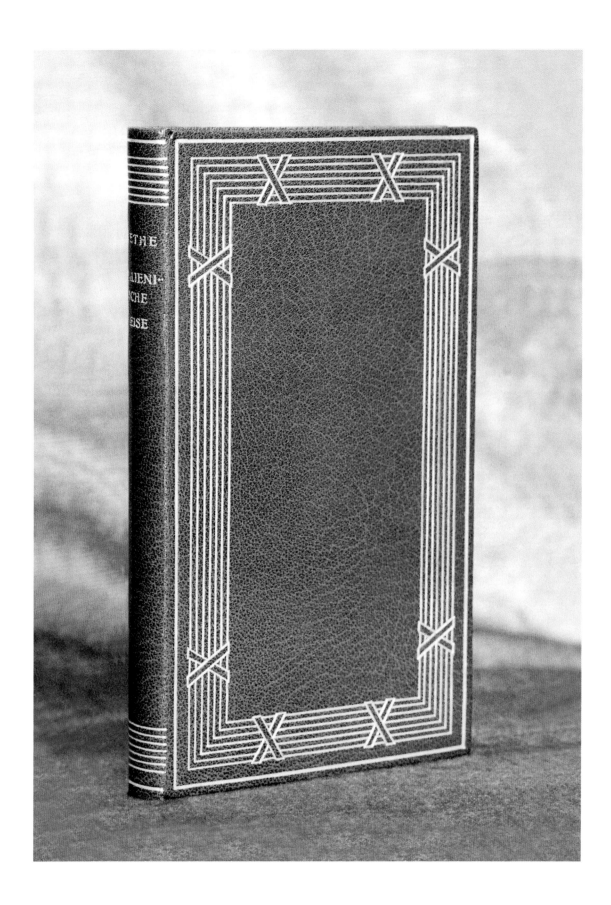

Marie von Houwald-Thielau, Das Buch der Großmutter für ihre Enkel

Verlag von Friedrich Vieweg und Sohn, Braunschweig 1852

Format: 21 x 16 cm

Ganzfranzband, braunes Saffianleder,
Schnitt ringsum berauft, handumstochenes Kapital.
Vorder- und Rückseite Vergoldung
mit Schmuckfilete, Stempel und Blinddruck.
Rückentitel in Gold und Fortführung
der Schmuckleisten auf dem Rücken.
Stehkanten Linienvergoldung, Innenkante mit Schmuckfilete vergoldet.

Bad Ischl 1944

Georg Hartmann, Festschrift zum 75. Geburtstag

Der Goldene Brunnen, Hausverlag der Bauerschen Gießerei

Frankfurt am Main 1946

Format: 34 x 24,5 cm

Ganzfranzband, braunes Schweinsleder.

Auf Vorder- und Rückdeckel je drei Goldlinien ringsum,

Innenflächen mit Schmuckstempeln in Blinddruck verziert.

Schrift auf Vorderseite und Rücken mit Messingstempeln vergoldet.

Vermerk im Impressum:

Das Buch wurde von Gudrun von Hesse für den Jubilar

in Leder gebunden und mit der von ihr geschnittenen Schrift vergoldet.

Frankfurt am Main 1947

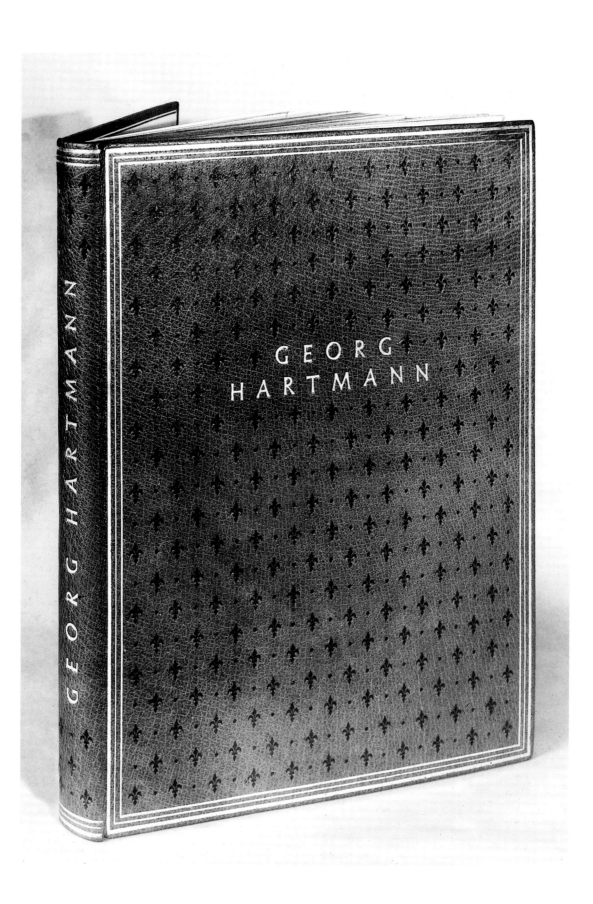

E. R. Weiss, Drei Monate in Spanien

Einband für Herrn Georg Hartmann
Inhaber der Bauerschen Gießerei in Frankfurt am Main

Format ca.: 37 x 27 cm

Ganzfranzband, braunes Schweinsleder,
auf fünf Bünde geheftet, handumstochenes Kapital.
Die Querlinien auf der Vorder- und Rückseite
und die Schriftzeilen in Blinddruck.

Frankfurt am Main 1947

Drei Ledereinbände

Johann Wolfgang von Goethe, Von der dreifachen Ehrfurcht

Johann Gottfried Herder, Bekenntnisse zur Humanität

Giovanni Boccaccio, Die Nymphe von Fiesole

Frankfurt am Main 1950

Johann Wolfgang von Goethe, Westöstlicher Divan

Buch Suleika

Handgeschrieben von Hermann Zapf, Nürnberg 1946

Format: 22 x 15,5 cm

Ledereinband flexibel,

grünes Kalbsleder, handumstochenes Kapital.

Vorder- und Rückseite Vergoldung mit Stern- und Punktstempel,

Längstitel in Gold.

Schutzkasten mit grünem Lederrücken,

Bezug graues Ingrespapier.

Frankfurt am Main 1950

Grundsteinlegungsurkunde
für die Friedensbrücke in Frankfurt am Main 1950
Handgeschrieben auf Kalbspergament

Format: 42 x 28 cm

Weinrotes Saffianleder, breite Goldlinie ringsum,
Wappen gezeichnet und mit Linien– und Bogensatz vergoldet,
Innenkante Goldlinie.
Auf der Urkunde Initial und Schriftzeile »Friedensbrücke« erhöht vergoldet.

Frankfurt am Main 1950

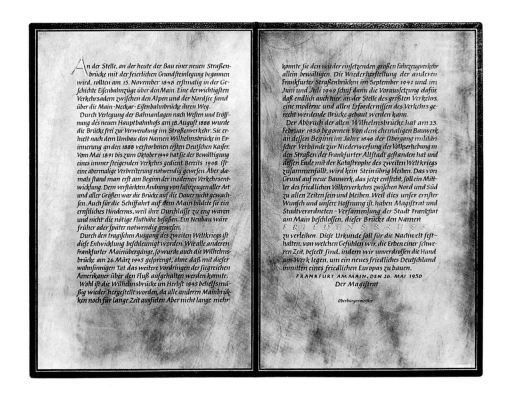

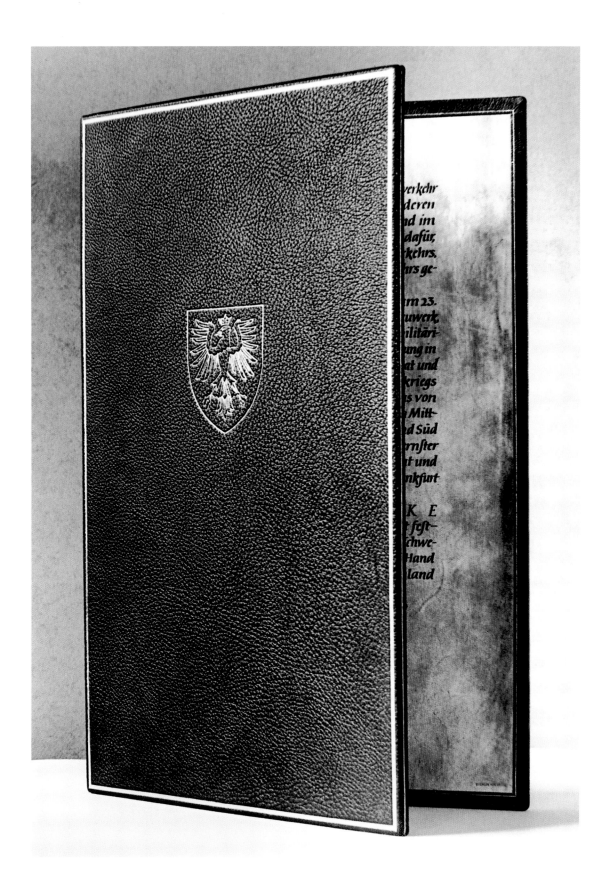

Hölderlin an Diotima
Handgeschrieben von Hermann Zapf, Nürnberg 1946

Format: 28,5 x 19,5 cm

Ganzlederband flexibel, schwarzes Maroquinleder,
Kopfgoldschnitt, handumstochenes Kapital.
Vorder- und Rückseite Vergoldung mit Mäanderbandfilete.
Rücken: Längstitel in Gold, Schrift: Palatino.

Schutzkasten mit schwarzem Lederrücken,
Bezug graues Romabütten.

Frankfurt am Main 1950

Briefe der Diotima
Handgeschrieben von Hermann Zapf, Nürnberg 1940

Format: 28,5 x 19,5 cm

Ganzlederband flexibel, zinnoberrotes Maroquinleder,
Kopfgoldschnitt, handumstochenes Kapital.
Breite Querlinien und Titel in Gold,
Schrift: Palatino Antiqua.

Schutzkasten mit zinnoberrotem Lederrücken,
Bezug hellgraues Romabütten.

Frankfurt am Main 1950

Hermann Zapf, Das Blumen ABC
in Metall geschnitten von August Rosenberger
Druck der Hausdruckerei der Schriftgießerei D. Stempel AG
Frankfurt am Main 1949

Format: 33 x 24,5 cm

Ganzlederband flexibel, weinrotes Oasenziegenleder,
Kopfgoldschnitt, handumstochenes Kapital.
Vorder– und Rückseite Handvergoldung mit Zierstempel.
Rücken: Zierstempel und Längstitel, Schrift: Michelangelo Antiqua.
Zierstempel Entwurf von Gudrun von Hesse.

Schutzkasten mit weinrotem Lederrücken,
Bezug Kleisterpapier.

Frankfurt am Main 1950

65

Hermann Zapf, Das Blumen ABC
in Metall geschnitten von August Rosenberger
Druck der Hausdruckerei der Schriftgießerei D. Stempel AG
Frankfurt am Main 1949

Format: 33 x 24,5 cm

Ganzfranzband, weinrotes Oasenziegenleder,
Kopfgoldschnitt, handumstochenes Kapital.
Vorder– und Rückseite Handvergoldung mit Linien
und Schriftzeilen in der Michelangelo Antiqua.
Linienvergoldung der Steh– und Innenkanten.

Frankfurt am Main 1950

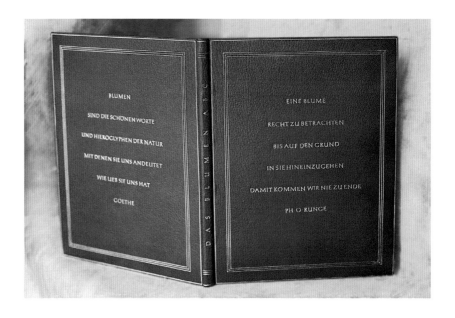

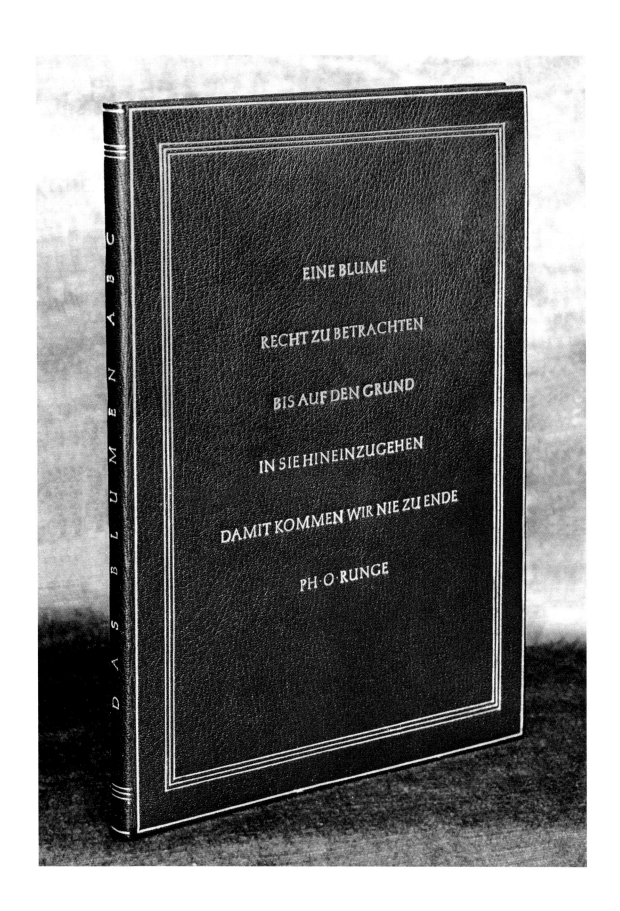

EINE BLUME

RECHT ZU BETRACHTEN

BIS AUF DEN GRUND

IN SIE HINEINZUGEHEN

DAMIT KOMMEN WIR NIE ZU ENDE

PH·O·RUNGE

Die vier Evangelien
Für Rudolf Koch in Offenbach am Main
in der Peter Jessen Schrift 1926 gedruckt

Format: 18 x 13 cm

Ganzfranzband, graues Maroquinleder,
Kopfgoldschnitt, handumstochenes Kapital.
Auf Vorder- und Rückseite ein Kreuz
in roter Oasenziegenlederauflage, mit Goldlinien umrandet.
Rücken: rote Lederauflage für den Titeldruck und Goldlinien.
Stehkanten Goldlinie, Innenkanten zwei Goldlinien.

Frankfurt am Main 1951

Gertrud von le Fort, Plus Ultra

Fünfter Druck der Trajanus-Presse, Frankfurt am Main 1953

Format: 27 x 18 cm

Halbpergament, Überzug Kleisterpapier.

Vermerk im Impressum:

Zum Satz des Buches diente die hier zum ersten Mal verwendete Type »Diotima«

der Schriftgießerei D. Stempel AG Frankfurt a. Main. Die Schrift »Diotima« wurde

von Gudrun von Hesse 1948 entworfen. Der Einband für die Auflage

wurde in der Buchbinderei von Gudrun Zapf von Hesse ausgeführt.

Ausgezeichnet im Wettbewerb

Die schönsten Bücher des Jahres 1953

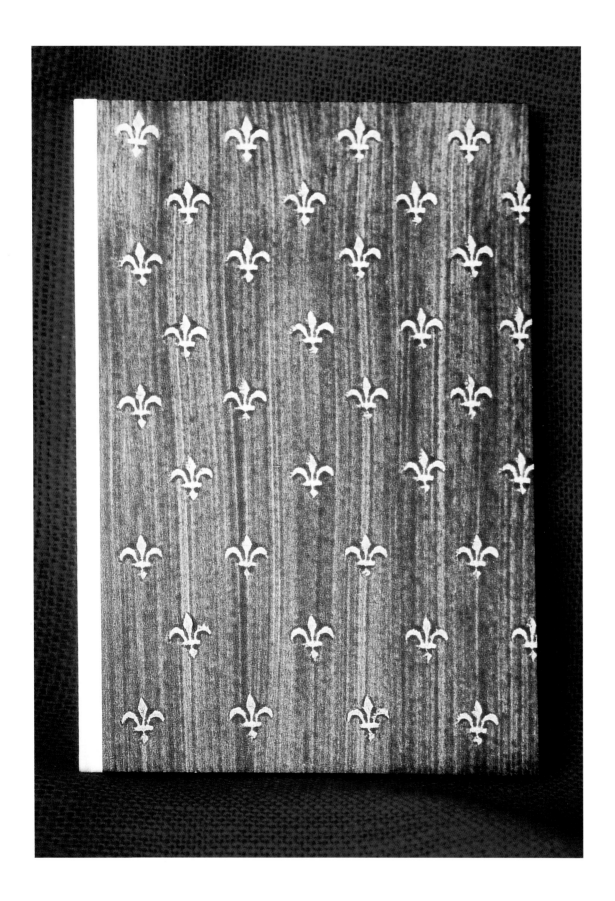

Gertrud von le Fort, Plus Ultra
Fünfter Druck der Trajanus-Presse, Frankfurt am Main 1953

Format: 27 x 18 cm

Ganzfranzband, weinrotes Oasenziegenleder,
am Rücken oben und unten Doppelbünde,
Kopfgoldschnitt, handumstochenes Kapital.
Auf Vorder- und Rückseite im Abstand der Bünde
drei waagerechte und rechts und links drei senkrechte Linien,
eingegrenzt durch eine Linie ringsum, mit der Rolle vergoldet.
Längstitel, Schrift: Diotima Antiqua.

Frankfurt am Main 1953

Gertrud von le Fort, Plus Ultra
Fünfter Druck der Trajanus-Presse, Frankfurt am Main 1953

Format: 27 x 18 cm

Ganzlederband flexibel, dunkelblaues Oasenziegenleder,
Kopfgoldschnitt, handumstochenes Kapital.
Vorder- und Rückseite Querlinien in Blinddruck und Vergoldung,
die über Rücken und Stehkanten fortgesetzt werden.
Rücken: Längstitel, Schrift: Diotima Antiqua.

Frankfurt am Main 1953

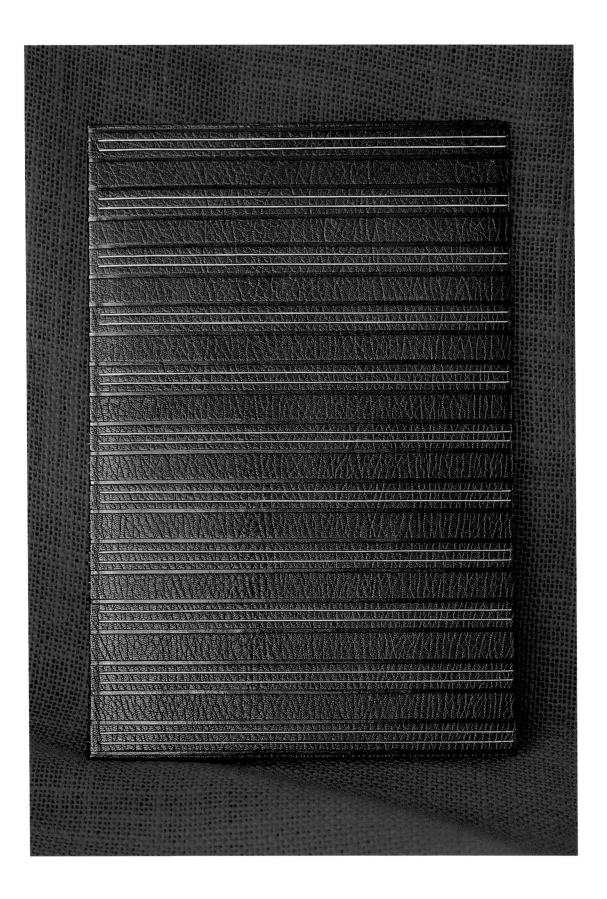

Gertrud von le Fort, Plus Ultra

Fünfter Druck der Trajanus-Presse, Frankfurt am Main 1953

Format: 27 x 18 cm

Ganzlederband flexibel, englischrotes Oasenziegenleder,
Kopfgoldschnitt, handumstochenes Kapital.
Vorder- und Rückseite Vergoldung,
zehn Querlinien oben und unten,
die über den Rücken und die Stehkanten
fortgesetzt sind.
Auf dem Buchdeckel der Vorder- und Rückseite eine senkrechte Linie,
auf Vorderseite und Rücken: Titel in Gold in der Diotima Antiqua.

Frankfurt am Main 1953

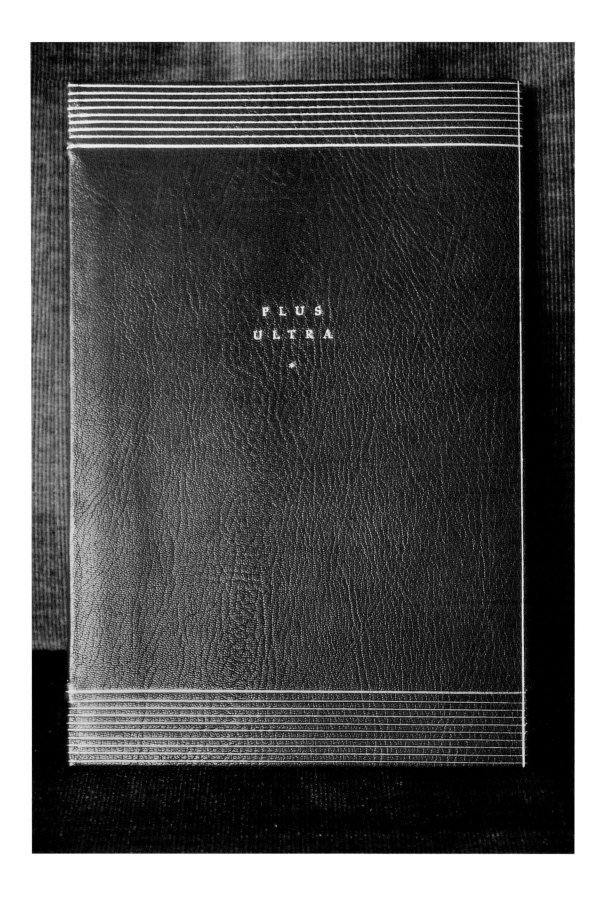

Gertrud von le Fort, Plus Ultra
Fünfter Druck der Trajanus-Presse, Frankfurt am Main 1953

Vier Ledereinbände

Frankfurt am Main 1953

GERTRUD VON LE FORT

PLUS ULTRA

****

. . . dann aber, ehrwürdige Mutter, dann aber – ich meine, wenn ich wiederum den Augen Seiner Majestät begegnete – dann war es mir jedesmal, als ginge von diesem unbeweglich auf mich gerichteten Blick eine Bewegung meines Innern aus, nein ein Aufruhr und Sturm meines Innern, von dem ich nicht zu sagen vermochte, ob sein Name Entzücken oder Entsetzen war oder beides in einem. Nein, bei Gott, ehrwürdige Mutter, ich hätte seinen Namen nicht zu nennen gewußt bis zu dem Tage, da Ihre Hoheit, die Frau Statthalterin mich in jenes Gespräch zog, das Sie Ihrer gehorsamen Tochter aufzuschreiben befahlen.

Ich sah die Frau Statthalterin zum ersten Mal als sich die schwierige Schwangerschaft Ihrer Majestät dem Ende zuneigte. Die Frau Statthalterin erschien damals unvermutet in Valladolid und zwar gerade in dem Augenblick als der ganze Hof sich in tiefster Bestürzung befand, denn es verlautete, die Ärzte hätten keine guten Erwartungen für die

7

Gedichte auf Blumen und Früchte

Verlag »Die Wage« Karl H. Silomon, Berlin

Format: 21 x 12,5 cm

Ganzlederband, grünes Oasenziegenleder,

Kopfgoldschnitt, handumstochenes Kapital.

Vorderseite, Rücken und Rückseite

mit Zierstempeln in Blinddruck und Gold,

Rückentitel in Gold.

Stehkante Goldlinie.

Zierstempel von Gudrun von Hesse 1947 entworfen

Frankfurt am Main 1953

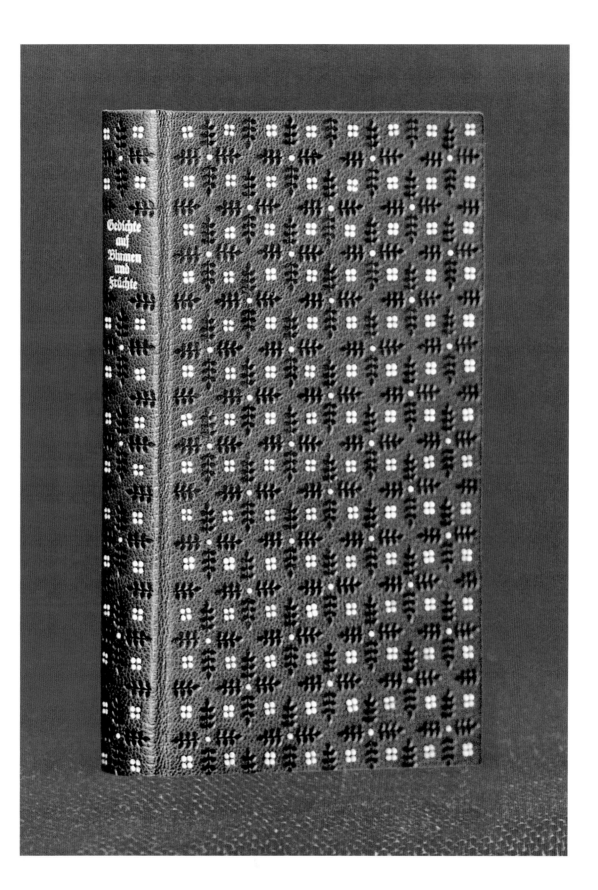

Stanislas d'Otremont, L'amour déraisonnable
Verlag von Jakob Hegner, Köln und Olten 1957

Format: 21 x 12,5 cm

Ganzlederband flexibel,
englischrotes Oasenziegenleder, Farbkopfschnitt.
Vorderseite, Rücken und Rückseite mit Blinddrucklinien
und Sternstempel in Gold verziert,
Titel in Gold.

Frankfurt am Main 1958

Verschiedene Einbandgestaltungen für Leinenbände
des Verlages der Bonner Buchgemeinde,
ausgeführt in den Jahren 1957 bis 1967

Verschiedene Kleisterpapiere,
verziert mit geschnittenen Gummistempeln

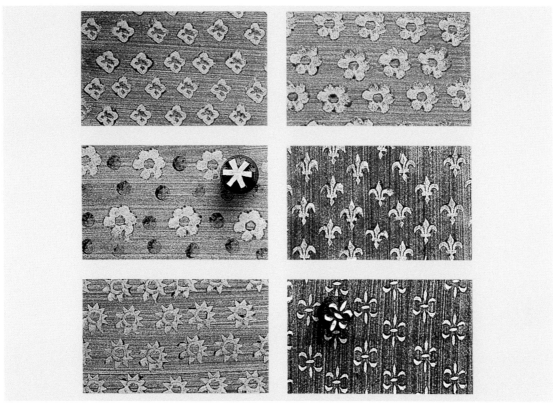

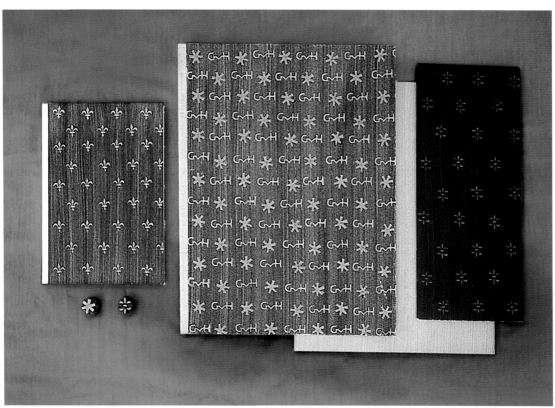

Arbeitsaufnahmen und Werkzeuge

Album für berufliche Unterlagen

Format: 35 x 25 cm

Vorder- und Rückdeckel mit Kalbspergament bezogen.
Lagen auf drei Pergamentstreifen geheftet,
die auf dem Vorder- und Rückdeckel durchgezogen sind.
Der lose Pergamentrücken verdeckt die Heftung.
Vorder- und Rückseite in je 49 Felder aufgeteilt,
die mit blauen und roten Linien umrandet sind.
In den Feldern der Vorderseite sind Buchbinderwerkzeuge dargestellt.

Weimar 1936

Buchbinderwerkzeugkasten

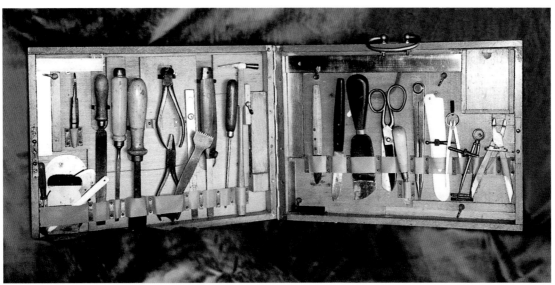

Vorbereitung des Buchblocks
für einen Franzband mit echten Bünden

Heften auf echte Bünde

Leimen des Buchrückens

Falz anklopfen für das Ansetzen der Buchdeckel

Kapital bestechen

Beim Vergolden mit der Rolle

Vergoldewerkzeuge
Schriftkasten, Stempel, Rolle, Fileten

Beim Vergolden mit dem Bogensatz

Kasten mit Linien- und Bogensatz

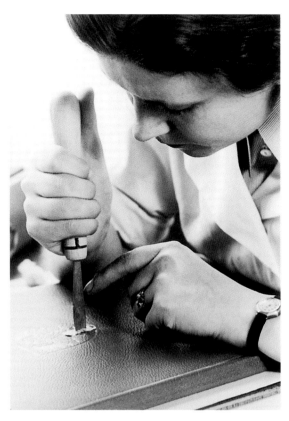

Schriftentwurf der Hesse Antiqua für Vergoldestempel

Rußabdruck von der geschnittenen Schrift auf Japanpapier

Erste Anwendung der Stempel auf Leder

Die Blume stirbt zur Frucht...
Text von Gerhard Marcks

Handvergoldung auf Ziegenpergament
mit Schriftstempeln der Hesse Antiqua.

Format: 18 x 20 cm

Frankfurt am Main 1969

DIE BLUME
STIRBT ZUR FRUCHT
DIE FRUCHT ZUM SAMEN
DER SAME STIRBT
ZUR NEUEN PFLANZE HIN
WIR GEHEN DEN WEG
WOHER WIR KAMEN
GEBURT IST TOD
UND TOD IST NEUBEGINN

GERHARD MARCKS

Der Nachtigallenbaum

Handvergoldung auf Kalbspergament
mit Zier- und Schriftstempeln der Hesse Antiqua.

Format: 20,5 x 18 cm

Frankfurt am Main 1968

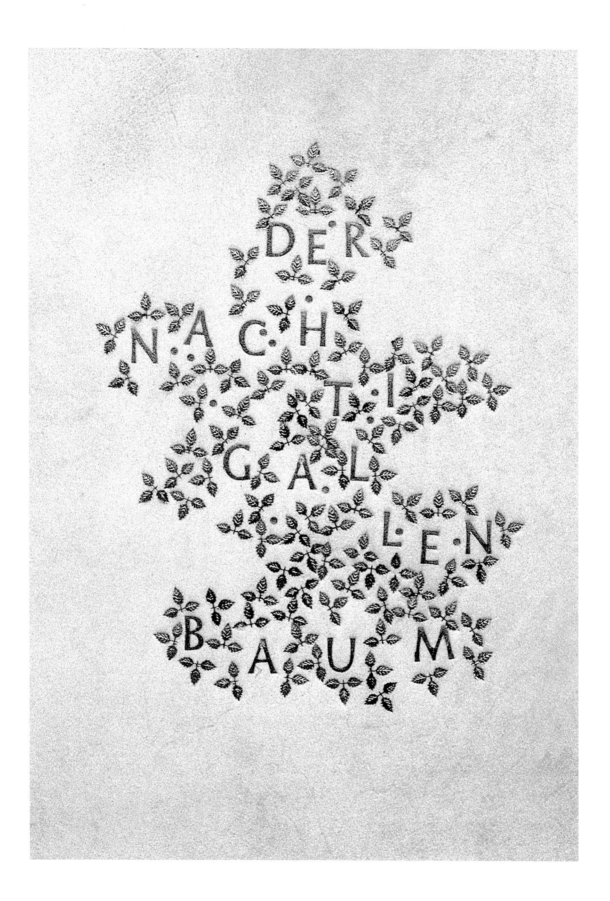

DER
NACHTI
GALLEN
BAUM

Georg Hartmann, Festschrift zum 75. Geburtstag
Der Goldene Brunnen, Hausverlag der Bauerschen Gießerei
Frankfurt am Main 1946

Format: 34 x 24,5 cm

Halbfranzband
Rücken rostbraunes Saffianleder, Bezug Romabütten,
Kopfgraphitschnitt, handumstochenes Kapital.
Rückentitel mit Schriftstempeln vergoldet,
Zahlen in Blinddruck, oben und unten Goldlinie.

Frankfurt am Main 1947

Schriftstempel von Gudrun von Hesse entworfen
und von ihr 1946–1947 in Messing geschnitten
unter Anleitung der Stempelschneider der Bauerschen Gießerei
in Frankfurt am Main

Schrank mit Vergoldewerkzeugen

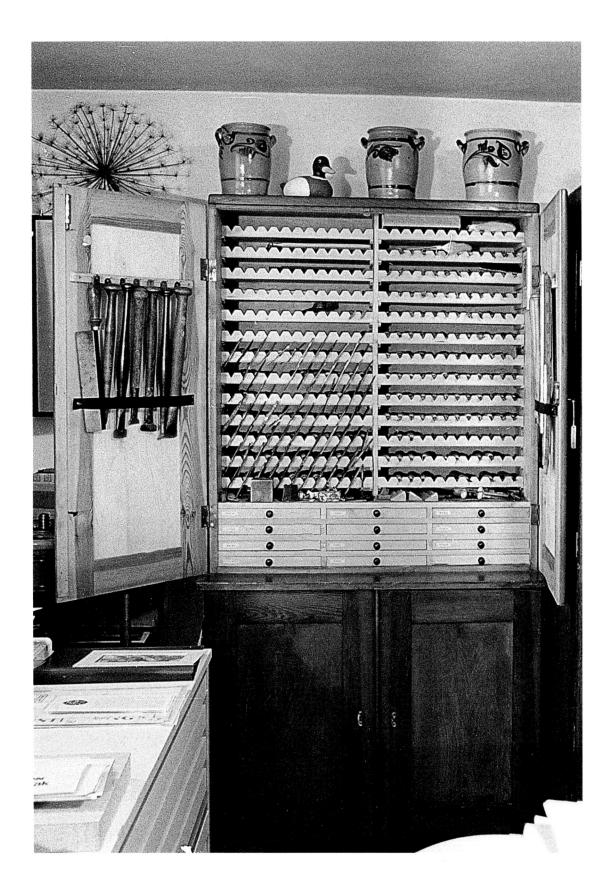

Handgeschriebene Bücher von 1935 bis 1991

Die Weise von Liebe und Tod des Cornets Christoph Rilke
von Rainer Maria Rilke

Format: 29,5 x 22 cm

30 Seiten, Satzspiegel: 18 x 10,5 cm

Halbpergamentband

Weimar 1935

Die Weise von Liebe und Tod des Cornets Christoph Rilke von Rainer Maria Rilke

Reiten, reiten, reiten, durch den Tag, durch die
Nacht, durch den Tag.

Reiten, reiten, reiten.

Und der Mut ist so müde geworden und die Sehn-
sucht so groß. Es gibt keine Berge mehr, kaum
einen Baum. Nichts wagt aufzustehen. Fremde
Hütten hocken durstig an versumpften Brunnen.
Nirgends ein Turm. Und immer das gleiche Bild.
Man hat zwei Augen zuviel. Nur in der Nacht
manchmal glaubt man den Weg zu kennen.
Vielleicht kehren wir nächtens immer wieder das
Stück zurück, das wir in der fremden Sonne
mühsam gewonnen haben? Es kann sein. Die
Sonne ist schwer, wie bei uns tief im Sommer.
Aber wir haben im Sommer Abschied genommen.
Die Kleider der Frauen leuchteten lang aus dem
Grün. Und nun reiten wir lang. Es muß also
Herbst sein. Wenigstens dort, wo traurige Frauen
von uns wissen.

Walther von der Vogelweide, Minnelieder

Format: 29,5 x 23 cm
40 Seiten, Satzspiegel: 16,5 x 12 cm

Ganzfranzband
Abbildung auf Seite 27

Weimar 1936

Walther von der Vogelweide
MINNELIEDER

Sô die bluomen ûz dem grase dringent,
  same sie lachen gegen der spileden sunnen,
in einem meien an dem morgen fruo,
und diu kleinen vogellîn wol singent
  in ir besten wîse die sie kunnen,
waz wünne mac sich dâ genôzen zuo?
  ez ist wol halb ein himelrîche.
suln wir sprechen, waz sich deme gelîche,
  sô sage ich, waz mir dicke baz
in mînen ougen hât getân und taete ouch noch,
                              gesaehe ich daz.

Swâ ein edeliu schoene frouwe reine
  wol gekleidet unde wol gebunden
durch kurzewîle zuo vil liuten gât,
  hovelîchen hôchgemuot, niht eine,
umbe sehende ein wênic under stunden
  alsam der sunne gegen den sternen stât:
der meie bringe uns al sîn wunder,
  waz ist dâ sô wünneclîches under
als ir vil minneclîcher lîp?
  wir lâzen alle bluomen stân und kapfen an daz
                              werde wîp.

André Gide, Die Rückkehr des verlorenen Sohnes

Übertragen von Rainer Maria Rilke

Format: 29,5 x 22 cm

36 Seiten, Satzspiegel: 19 x 14,5 cm

Ganzpergamentband

Weimar 1936

André Gide

Die
Rückkehr des verlorenen Sohnes

Übertragen von Rainer Maria Rilke

Der verlorene Sohn

Wenn der verlorene Sohn, nach einer langen Abwesenheit und wie am Ende seiner Neigung zu sich selbst, auf dem Grunde dieser Entbehrnis, die er suchte, an das Antlitz seines Vaters denkt, an das nicht beengte Zimmer, wo seine Mutter sich über sein Bett beugte, an den Garten, getränkt von fließendem Wasser, aber umschlossen, und aus dem zu entweichen er immer begierig war, an den sparsamen älteren Bruder, den er nie geliebt hat, der aber, abwartend, noch den Teil seiner Güter zurückhält, den er, im Verschwenden, nicht los werden konnte—: So gesteht sich der Sohn, daß er das Glück nicht gefunden hat, ja, daß er nicht einmal imstande war, jene Trunkenheit lange auszudehnen, die er an Glückes Statt suchte. Ah, denkt er, wenn mein Vater, erst so gereizt gegen mich, mich tot geglaubt hat, vielleicht, trotz meiner Sünde, wär er froh, mich wiederzusehn; ah, zurückkehrend zu ihm, ganz unterwürfig, die Stirne gesenkt und Asche darauf, wenn ich, mich beugend vor ihm, sagte:„Mein Vater, ich habe gesündigt wider den Himmel und wider dich", was würde ich tun, wenn er dann, mit der Hand mich aufhebend, antwortete:„Tritt ein in das Haus, mein Sohn"?—Und schon, andächtig, macht der Sohn sich

111

Johann Wolfgang von Goethe, Faust

Prolog im Himmel

Format: 29,5 x 23 cm

10 Seiten, Satzspiegel: 16,5 x 14 cm

Ganzpergamentband flexibel

Weimar 1938

Johann Wolfgang von Goethe

Faust
Prolog im Himmel

Raphael.

Die Sonne tönt nach alter Weise
In Brudersphären Wettgesang,
Und ihre vorgeschriebne Reise
Vollendet sie mit Donnergang.
Ihr Anblick gibt den Engeln Stärke,
Wenn keiner sie ergründen mag;
Die unbegreiflich hohen Werke
Sind herrlich wie am ersten Tag.

Gabriel.

Und schnell und unbegreiflich schnelle
Dreht sich umher der Erde Pracht;
Es wechselt Paradieses=Helle
Mit tiefer schauervoller Nacht;
Es schäumt das Meer in breiten Flüssen
Am tiefen Grund der Felsen auf,
Und Fels und Meer wird fortgerissen
In ewig schnellem Sphärenlauf.

Der Eid des Hippokrates

Geschrieben in Antiqua Versalien

Format: 31,5 x 24,5 cm

2 Seiten, Satzspiegel: 21,5 x 16,5 cm

Frankfurt am Main 1947

ICH SCHWÖRE BEI APOLLON · DEM ARZTE ·
UND BEI ASKLEPIOS UND BEI HYGIEIA UND PANAKEIA
UND BEI ALLEN GÖTTERN UND ALLEN GÖTTINNEN ·
UND ICH NEHME SIE ZU ZEUGEN · DASS ICH NACH KRAFT
UND GEWISSEN DEN FOLGENDEN SCHWUR UND DIE DA-
MIT ÜBERNOMMENE VERPFLICHTUNG DURCHFÜHREN
WERDE:
ICH WERDE MEINEN LEHRER IN DER HEILKUNST GLEICH
MEINEN ERZEUGERN EHREN · WERDE MIT IHM DES LE-
BENS NOTDURFT TEILEN UND WERDE · SOLLTE ER JE HIL-
FE NÖTIG HABEN · FÜR IHN SORGEN · SEINE SÖHNE WER-
DE ICH GLEICH LEIBLICHEN BRÜDERN HALTEN · UND
WENN SIE DIE HEILKUNST ERLERNEN WOLLEN · WERDE
ICH SIE DARIN OHNE LOHN UND VERSCHREIBUNG UN-
TERRICHTEN · ICH WERDE DIE ÄRZTLICHEN VORSCHRIF-
TEN UND ERKLÄRUNGEN UND JEDEN WEITEREN UN-
TERRICHT MEINEN EIGENEN SÖHNEN ÜBERLIEFERN
UND DEN SÖHNEN MEINES LEHRERS UND ANDEREN
SCHÜLERN · DIE SICH SCHRIFTLICH VERPFLICHTET HA-
BEN UND AUF DAS ÄRZTLICHE GESETZ EINGESCHWO-
REN SIND · SONST ABER NIEMANDEM ·
DIE LEHRE VON DER GESUNDHAFTEN LEBENSORD-
NUNG WERDE ICH ZUM NUTZEN DER KRANKEN NACH
MEINEM KÖNNEN UND GEWISSEN ANWENDEN UND

Die Matthäus Passion

Schrift: Unziale

Format: 43 x 33 cm
19 Seiten, Satzspiegel: 26,5 x 22 cm

Halblederband

Frankfurt am Main 1948

ðie matthäus passion

Des morgens aber hielten alle hohenpriester und die ältesten des volks einen rat über Jesum, dass sie ihn töteten. Und banden ihn, führten ihn hin und überantworteten ihn dem Landpfleger Pontius Pilatus.

Da das sah Judas, der ihn verraten hatte, dass er verdammt war zum Tode, gereute es ihn, und brachte wieder die dreissig Silberlinge den hohenpriestern und den ältesten und sprach: Ich habe übel getan, dass ich unschuldig Blut verraten habe. Sie sprachen: Was geht uns das an? Da siehe du zu! Und er warf die Silberlinge in den Tempel, hob sich davon, ging hin und erhängte sich selbst. Aber die hohenpriester nahmen die Silberlinge und sprachen: Es taugt nicht, dass wir sie in den Gotteskasten legen; denn es ist Blutgeld. Sie hielten aber einen Rat und kauften den Töpfersacker darum zum Begräbnis der Pilger. Daher ist dieser Acker genannt der Blutacker bis auf den heutigen Tag. Da ist erfüllet, was gesagt ist durch den Propheten Jeremia, da er spricht: Sie haben ge –

Johann Wolfgang von Goethe, Elegie

Geschrieben in einer Kursiv

Format: 31,5 x 24 cm

15 Seiten, Satzspiegel: 15,5 x 16 cm

Broschur mit Kleisterpapierüberzug

Frankfurt am Main 1948

Johann Wolfgang von Goethe

ELEGIE

Was soll ich nun vom Wiedersehen hoffen,
Von dieses Tages noch geschloßner Blüte?
Das Paradies, die Hölle steht dir offen;
Wie wankelsinnig regt sichs im Gemüte! –
Kein Zweifeln mehr! Sie tritt ans Himmelstor,
Zu ihren Armen hebt sie dich empor.

So warst du denn im Paradies empfangen,
Als wärst du wert des ewig schönen Lebens;
Dir bleibt kein Wunsch, kein Hoffen, kein Verlangen,
Hier war das Ziel des innigsten Bestrebens,
Und in dem Anschaun dieses einzig Schönen
Versiegte gleich der Quell sehnsüchtiger Tränen.

Friedrich Hölderlin, Aus dem Hyperion

Format: 40,5 x 31 cm

6 Seiten, Satzspiegel: 23 x 10 cm

Frankfurt am Main 1948

Diese Handschrift gab den Anlaß
zur Herstellung der Druckschrift »DIOTIMA«

FRIEDRICH HÖLDERLIN
Aus dem Hyperion

HYPERION AN BELLARMIN

Ein paar Tage drauf kamen sie herauf zu uns. Wir gingen zusammen im Garten herum. Diotima und ich gerieten voraus, vertieft, mir traten oft Tränen der Wonne ins Auge, über das Heilige, das so anspruchslos zur Seite mir ging.

Vorn am Rande des Berggipfels standen wir nun, und sahn hinaus, in den unendlichen Osten.

Diotimas Auge öffnete sich weit, und leise, wie eine Knospe sich aufschliesst, schloss das liebe Gesichtchen vor den

Longus, Aus Daphnis und Chloe

Geschrieben in einer kalligraphischen Antiqua

Format: 19 x 26,5 cm
10 Seiten, Satzspiegel: 7 x 18 cm

Broschur mit Japanpapierüberzug

Frankfurt am Main 1950

LONGUS
Aus Daphnis und Chloe

122

Ich bin der alte Philetas, liebe Kinder. Oft habe ich hier für die Nymphen gesungen und dort für Pan die Flöte geblasen, und nur dank meiner Kunst war ich Herr über eine große Rinderherde. Jetzt komme ich zu euch, um euch zu melden, was ich gesehen und wiederzuerzählen, was ich gehört habe. Mit meiner Hände Arbeit habe ich mir einen Garten geschaffen, denn meines Alters wegen kann ich schon seit langem kein Hirt mehr sein. Dieser Garten hat alles, was das Jahr bringt, und alles zur rechten Zeit: im Frühling Rosen, Lilien, Hyazinthen und beider-

lei Veilchen, im Sommer Mohn, Birnen und Äpfel von jeder Art und jetzt im Herbst Reben, Feigen, Granaten und grüne Myrten. Jeden Morgen sammeln sich in ihm Scharen von Vögeln, zum Fressen und zum Singen. Er hat viel Laub und viel Schatten und von drei Quellen Wasser, und wenn die Mauer nicht wäre, könnte man ihn wohl für eine Schöpfung der Natur halten.
Als ich heute Mittag den Garten betrat, steht da auf einmal unter den Rosen- und Myrtenbäumen ein kleiner Knabe, Myrten und Rosen in der Hand, weiß wie Milch, goldblond gleich dem Feuer und so

Das Gleichnis vom verlorenen Sohn

Geschrieben in einer karolingischen Minuskel

Format: 26,5 x 22 cm

5 Seiten, Satzspiegel: 13 x 14,5 cm

Broschur mit Romabüttenüberzug

Frankfurt am Main 1950

DAS GLEICHNIS
VOM VERLORENEN SOHN

UND JESUS SPRACH: Ein Mensch hatte zwei Söhne. ⊹ Und der jüngste unter ihnen sprach zu dem Vater: Gib mir, Vater, das Teil der Güter, das mir gehört. Und er teilte ihnen das Gut. ⊹ Und nicht lange darnach sammelte der jüngste Sohn alles zusammen und zog ferne über Land; und daselbst brachte er sein Gut um mit Prassen. ⊹ Da er nun all das Seine verzehrt hatte, ward eine große Teuerung durch dasselbe ganze Land, und er fing an zu darben. ⊹ Und ging hin und hängte sich an einen Bürger des Landes; der schickte ihn auf seinen Acker, die Säue zu hüten. ⊹ Und er begehrte seinen Bauch zu füllen mit Trebern, die die Säue aßen, und niemand gab sie ihm. ⊹ Da schlug er in sich und sprach: Wie viel Tagelöhner

Sechs Renaissance Sonette

Geschrieben in einer Civilité und Antiqua Versalien

Format: 38 x 17 cm

8 Seiten, Satzspiegel: 29 x 11 cm

Broschur mit Kleisterpapierüberzug

Frankfurt am Main 1953

SECHS
RENAISSANCE
SONETTE

*

ITALIEN

Giovanni Guidiccioni

1500 - 1541

*

FRANKREICH

Joachim du Bellay

1522 - 1559

*

SPANIEN

Juan de Padillo

16. JAHRHUNDERT

*

O Antlitz, mehr denn Himmel klar und rein,
O FRONTE, PIÙ CHE 'L CIEL CHIARA E SERENA,

drin zweier Lichter, zweier Sterne Pracht
OVE DUE LUCI, ANZI DUE VAGHE STELLE

so hell erstrahlt, daß jene neidentfacht
FIAMMEGGIAN SI CHE FANNO INVIDIA A QUELLE

die funkelnd kreisen, Glanz der Nacht zu sein!
CHE LA NOTTE GIRANDO INTORNO MENA!

O goldne Flechten, Ketten süßer Pein,
O TRECCIA D'ORO FIN, DOLCE CATENA,

zu fesseln selbst der Liebe Feind gemacht!
DA STRINGER L'ALME PIÙ D'AMOR RIBELLE!

O schneeig Weiß, drin Rosenschimmer lacht!
O PURE NEVI, O ROSE SPARSE IN ELLE!

O Sonne, des Jahrhunderts hellster Schein!
O SOL, CHE 'L SECOL NOSTRO RASSERENA!

O hehre Quelle jeder Ehrsamkeit,
O RARA E VIVA FONTE D'ONESTATE,

der Würde, Anmut, Sitte unsrer Zeit
DI SENNO, DI COSTUME E DI VALORE,

sich drin zu spiegeln und zu schaun beschert!
IN CUI LA NOSTRA ETÀ SI SPECCHIA E MIRA!

O edles Vorbild jeder Tugendlehre,
O D'OGNI ALTA VIRTUTE E DI BELTATE

der Schönheit Schönstes und der Frauen Ehre!
. UNICO ESEMPIO E DE LE DONNE ONORE!

Beglückt ist, wer sich eurethalb verzehrt!
FELICE CHI PER VOI PIANGE E SOSPIRA!

Abschiedsreden Jesu
Evangelium Johannes, Kapitel 14–16

Geschrieben in einer Antiqua

Format: 45 x 31 cm
16 Seiten, Satzspiegel: 32,5 x 23 cm

Frankfurt am Main 1959

EUER HERZ ERSCHRECKE NICHT!
Glaubet an Gott und glaubet an mich! In
meines Vaters Hause sind viele Wohnun-
gen. Wenn's nicht so wäre, so wollte ich
zu euch sagen: Ich gehe hin, euch die Stätte
zu bereiten. Und wenn ich hingehe, euch die
Stätte zu bereiten, so will ich wiederkommen
und euch zu mir nehmen, auf daß ihr seid,
wo ich bin. Und wo ich hingehe, das wisset
ihr, und den Weg wisset ihr auch. Spricht
zu Ihm Thomas: Herr, wir wissen nicht,
wo Du hingehst; und wie können wir den
Weg wissen? Jesus spricht zu ihm:
Ich bin der Weg und die Wahrheit und das
Leben; niemand kommt zum Vater denn
durch mich. Wenn ihr mich kenntet, so kenntet ihr auch meinen Vater. Und von nun an

Antoine de Saint-Exupéry, Le petit prince et le renard

Geschrieben in einer Antiqua

Format: 31 x 24 cm

8 Seiten, Satzspiegel: 21,5 x 19 cm

Broschur mit Japanpapierüberzug

Frankfurt am Main 1962

Bonjour, dit le renard.

Bonjour, répondit poliment le petit prince, qui se retourna mais ne vit rien.

Je suis là, dit la voix, sous le pommier...

Qui es-tu? dit le petit prince. Tu es bien joli...

Je suis un renard, dit le renard.

Viens jouer avec moi, lui proposa le petit prince. Je suis tellement triste...

Je ne puis pas jouer avec toi, dit le renard. Je ne suis pas apprivoisé.

Ah! pardon, fit le petit prince.

Mais, après réflexion, il ajouta:

Qu'est-ce que signifie «apprivoiser»?

Tu n'es pas d'ici, dit le renard, que cherches-tu?

Je cherche les hommes, dit le petit prince. Qu'est-ce que signifie «apprivoiser»?

Les hommes, dit le renard, ils ont des fusils et ils chassent. C'est bien gênant! Ils élevent aussi des poules. C'est leur seul intérêt. Tu cherches des poules?

Die Schöpfung, 1. Buch Mose, Kapitel 1–2, Vers 3

Chinesische Tusche, Deckfarben und Vergoldung

Format: 52 x 39,5 cm

14 Seiten, Satzspiegel: 41 x 31 cm

Schriftblätter in Leinenmappe

Darmstadt 1991

DIE SCHÖPFUNG

Am Anfang schuf Gott Himmel
und Erde.

Und die Erde
war wüst und leer, und es war
finster auf der Tiefe,
und der Geist Gottes schwebte
auf dem Wasser.

Und Gott sprach: Es werde Licht!
Und es ward Licht. Und Gott sah,
daß das Licht
gut war.

Da schied
Gott das Licht
von der Finsternis und nannte
das Licht Tag und die Finsternis Nacht.
Da ward aus Abend und
Morgen der erste Tag.

Und Gott sprach: Es werde eine Feste
zwischen den Wassern, und die sei
ein Unterschied
zwischen
den
Wassern.

Da machte
Gott die Feste
und schied das
Wasser unter der Feste von dem Wasser
über der Feste. Und es geschah also. Und
Gott nannte die Feste Himmel. Da ward
aus Abend und Morgen der andere Tag.

Und Gott sprach: Es sammle sich das
Wasser unter dem Himmel an besondere
Örter,

daß man
das Trockene sehe.
Und es geschah also. Und Gott nannte
das Trockene Erde, und die Sammlung
der Wasser nannte er Meer.
Und Gott sah, daß es gut war.

Und Gott sprach: Es lasse die Erde
aufgehen Gras und Kraut, das sich
besame, und
fruchtbare
Bäume

da ein
jeglicher
nach seiner Art Frucht trage, und habe
seinen eigenen Samen bei sich selbst
auf Erden. Und es geschah also. Und die
Erde ließ aufgehen Gras und Kraut,
das sich besamte, ein jegliches nach seiner
Art,

und Bäume, die da Frucht trugen, und
ihren eigenen Samen bei sich selbst
hatten, ein jeglicher nach seiner Art.
Und Gott sah, daß es gut war.
Da ward aus Abend und Morgen
der dritte Tag.

Und Gott sprach:
Es werden Lichter an der Feste des
Himmels, die da scheiden Tag und Nacht,
und geben Zeichen, Zeiten, Tage und
Jahre, und seien Lichter an der Feste des
Himmels, daß sie scheinen auf Erden.
Und es geschah also.
Und Gott machte zwei große Lichter:

ein großes Licht, das den Tag regiere, und
ein kleines Licht, das die Nacht regiere,
dazu auch
Sterne.

Und
Gott
setzte sie
an die Feste
des Himmels,　　　daß sie schienen
auf die Erde, und den Tag und die Nacht
regierten, und schieden Licht und Finsternis.
Und Gott sah, daß es gut war. Da ward
aus Abend und Morgen der vierte Tag.

Und Gott sprach: Es errege sich das Wasser
mit webenden und lebendigen Tieren,

und
Gevögel fliege
auf Erden unter der
Feste des Himmels. Und Gott schuf große
Walfische und allerlei Getier, das da lebt
und webt, davon das Wasser sich
erregte, ein jegliches nach seiner Art,

und allerlei gefiedertes Gevögel, ein
jegliches nach seiner Art. Und Gott sah,
daß es
gut war.

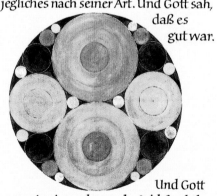

Und Gott
segnete sie und sprach: Seid fruchtbar
und mehret euch, und erfüllet das Wasser
im Meer; und das Gefieder mehre sich
auf Erden. Da ward aus Abend und
Morgen der fünfte Tag.

Und Gott sprach:
Die Erde bringe hervor lebendige Tiere
ein jegliches nach seiner Art: Vieh, Gewürm
und Tiere auf Erden, ein jegliches nach
seiner Art. Und es geschah also.
Und Gott machte die Tiere auf Erden ein
jegliches nach seiner Art, und das Vieh
nach seiner Art, und allerlei Gewürm
auf Erden nach seiner Art.
Und Gott sah, daß es gut war.

Und Gott sprach:
Lasset uns Menschen machen, ein Bild,
das uns gleich sei, die da herrschen über
die Fische im Meer und über die Vögel
unter dem Himmel und über das Vieh
und über die ganze Erde und über alles
Gewürm, das auf Erden kriecht.

Und Gott schuf den Menschen ihm
zum Bilde, zum Bilde Gottes schuf er ihn;

und schuf sie,
einen Mann
und ein Weib. Und Gott segnete sie und
sprach zu ihnen:
Seid fruchtbar und mehret euch,
und füllet die Erde, und machet sie euch
untertan,

und herrschet über die Fische im Meer und
über die Vögel unter dem Himmel und
über alles Getier, das auf Erden kriecht.
Und Gott sprach:
Sehet da, ich habe euch gegeben allerlei
Kraut, das sich besamt, auf der ganzen
Erde, und allerlei fruchtbare Bäume, die
sich besamen, zu eurer Speise, und allem
Getier auf Erden und allen Vögeln unter
dem Himmel und allem Gewürm, das
da lebt auf Erden, daß sie allerlei grünes
Kraut essen. Und es geschah also.
Und Gott sah an alles, was er gemacht
hatte; und siehe da, es war sehr gut.
Da ward aus Abend und Morgen
der sechste Tag.
Also ward vollendet Himmel und Erde
mit ihrem ganzen Heer.

Und also vollendete Gott am siebenten
Tage seine Werke, die er machte, und
ruhte   am siebenten
                                              Tage

von allen
seinen Werken,   die er machte.
Und Gott segnete den siebenten Tag
und heiligte ihn, darum daß er an
demselben geruht hatte von allen seinen
Werken, die Gott schuf und machte.

und allerlei gefiedertes Gevögel, ein
jegliches nach seiner Art. Und Gott sah,
daß es
gut war.

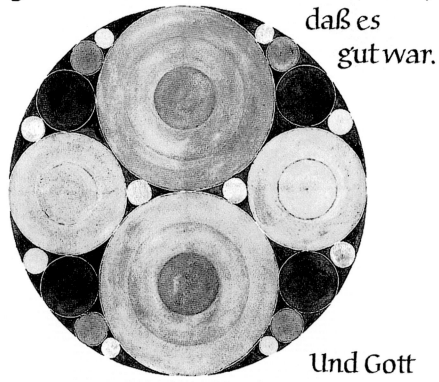

Und Gott
segnete sie und sprach: Seid fruchtbar
und mehret euch, und erfüllet das Wasser
im Meer; und das Gefieder mehre sich
auf Erden. Da ward aus Abend und
Morgen der fünfte Tag.

Und also vollendete Gott am siebenten
Tage seine Werke, die er machte, und
ruhte   am siebenten
                                          Tage

                                    von allen
    seinen Werken,   die er machte.
    Und Gott segnete den siebenten Tag
    und heiligte ihn, darum daß er an
demselben geruht hatte von allen seinen
Werken, die Gott schuf und machte.

Druckschriften für Bleisatz, Fotosatz und digitale Wiedergabe

Ich werde sein. Wie sollt ich mich verlieren aus der Sphäre des Lebens, worin die ewige Liebe, die allen gemein ist, die Naturen alle zusammenhält? Wie sollt ich scheiden aus dem Bunde, der die Wesen alle verknüpft? Der bricht so leicht nicht, wie die losen Bande dieser Zeit. Nein, bei dem Geiste, der uns umgibt, bei dem Gottesgeiste, der jedem eigen ist und allen gemein! nein! nein! im Bunde der Natur ist Treue kein Traum. Wir trennen uns nur, um inniger einig zu sein, göttlicher - friedlich mit allem, mit uns. Wir sterben, um zu leben.

FRIEDRICH HÖLDERLIN

140

Diotima

ABCDEFGHIJKLMNOP
QRSTUVWXYZ
abcdefghijklmnopqrstuvw
xyz&1234567890

Wiener Philharmoniker

ORPHEUS

Klassische Dichtung

SCHRIFTGIESSEREI D. STEMPEL AG FRANKFURT AM MAIN

Athen Berlin Cuba Don er

Chinese Calligraphie Erfurt f

Franken Gera Hamburg Isar

Jena Kiel Lohr München R

New York Olpe Pfrüm Rom

Quedlinburg Siegen S T U V

W X Y Y Z z Zahn tz v x x

Architektur Typographie x

zweidimensionale zwei zz

Qualitätsleistung Kreglin

jedem E Einzelnen writing

Diotima-Kursiv

ABCDEFGHIJKLMNOP
QRSTUVWXYZ
abcdefghijklmnopqrstuvwxyz
12345 & 67890

Schopenhauers Aphorismen

GEDICHTE

Philosophie der Neuzeit

SCHRIFTGIESSEREI D. STEMPEL AG FRANKFURT AM MAIN

AAAAABBBBACH
CCDDDEEDEFG
DABFFGOLDßGG
HHHIHIZEILIED
GÜNTHER RAMIN
ITALIENIFFIKR
KKPMLLLMODE
MOTETTEN MMM
MMNEUE MUSIK
NNNELEGANZ
OOOSONATEVENTS
RQSSPQPQPQRR
RSSTSTTUUYVV
ZWWXYZYXNZ

ABC
DEFGHIKL
KONZERT
MNOPQRST
UVWXYZ
RLVZ

SCHRIFTGIESSEREI D. STEMPEL AG FRANKFURT AM MAIN

IBCKDZLEYMA FXNGWJPR SUHQV 1234567890

12 PUNKT ›SMARAGD‹ NR. 5537

ABCDEFGHIJKLMNOPQURSTVWXYZ

1234567890 &.,:;!?» ‹ ’ - · (H)

TYPOGRAPHIE IST IM GRUNDE
ZWEIDIMENSIONALE ARCHITEKTUR UND
VERLANGT VON JEDEM EINZELNEN
HÖCHSTE QUALITÄTSLEISTUNG IN
SEINER BERUFLICHEN PRAXIS

D. STEMPEL AG
23. 9. 1955

SMARAGD

A B C D E F G H I J K L
M N O P Q R S T U V W
X Y Z
12345 & 67890

NATUR UND KUNST

SYMPHONIE

EHRENURKUNDE

SCHRIFTGIESSEREI D. STEMPEL AG FRANKFURT AM MAIN

ABCDEFGHIJ
KLMNOPaQ!R
SSTUVWX,.Y
XZQueHÆG?
123456789
&

aacemnorss
bdffchklêlth
ggpqbuyuvw
oxxznotttièj
ßæœ

ABCDEFGHI
JKLMNOPQRS
TUVWXYZ

*

aæbcchdefgghi
jklmnoæpqrsß
tttuvwxyz
1234567890O$

Hallmark Shakespeare roman

ABCDEF

acenmo

GHKLM

NOPRIT

rsuvwx

SUVWZ

Entwurf der Shakespeare Italic für den Fotosatz im 18-unit System

150

ABCDEFGHIJK
LMNOPQRRST
UVWXYZ

*

abcdefgghijklmno
pqrsttuuvwxyzz
$1234567890
æœéüftffß

Hallmark Shakespeare italic

The Twenty-third Annual
Frederic W. Goudy Award
The School of Printing Management & Sciences
Rochester Institute of Technology

Presented to
Gudrun Zapf von Hesse
25 October 1991

ABCDEFGHIJKLMNOPQRSTUV
WXYZ&abcdefghijklmnopqrstu
vwxyzfiflfflffiffß1234567890£$

ABCDEFGHIJKLMNOPQRSTUV
WXYZ&abcdefghijklmnopqrstu
vwxyzfiflfflffiffß1234567890£$

ABCDEFGHIJKLMNOPQRSTU
VWXYZ&abcdefghijklmnopq
rstuvwxyzfifl1234567890£$

ABCDEFGHIJKLMNOPQRST
UVWXYZ&abcdefghijklmno
pqrstuvwxyz1234567890£

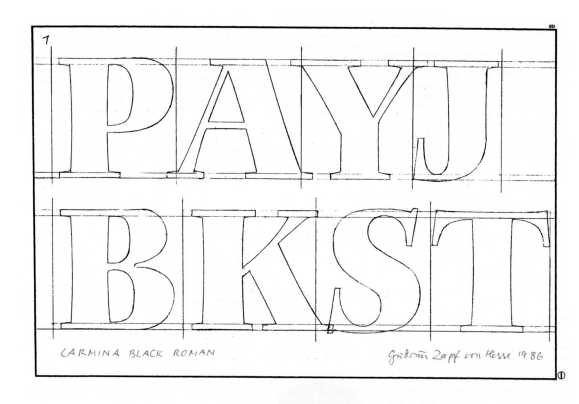

CARMINA BLACK ROMAN   Gudrun Zapf von Hesse 1986

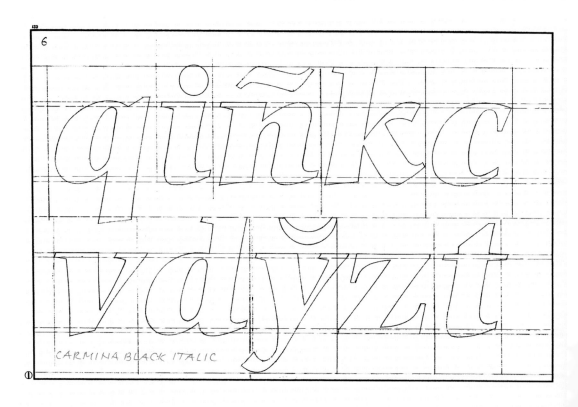

CARMINA BLACK ITALIC

154

Bitstream Carmina Light *Italic*

ABCDEFGHIJKLMNOPQRSTUVW
XYZ&abcdefghijklmnopqrstuvwxy
zfiflfflffiffß1234567890£$¢f%‰

Bitstream Carmina Medium

ABCDEFGHIJKLMNOPQRSTUV
WXYZ&abcdefghijklmnopqrstuv
wxyzfiflfflffiffß1234567890£$

Bitstream Carmina Bold

ABCDEFGHIJKLMNOPQRSTU
VWXYZ&abcdefghijklmnopqr
stuvwxyzfiflff 123456789 0£$

Bitstream Carmina Black

ABCDEFGHIJKLMNOPQRST
UVWXYZ&abcdefghijklmno
pqrstuvwxyz 1234567890£

AABBCCCDEFGHIJKL(
aanccamenmuvwun
bbdlkdfhhkfßbgqPY:
OPRQKQOSTUVVW!)
XWYZ&DNMijjYti¡?
eoozzxsa/*swr‹›reœo
1234567890567 1ñ8éJ
QQfÆ/OchtuJvSaz7

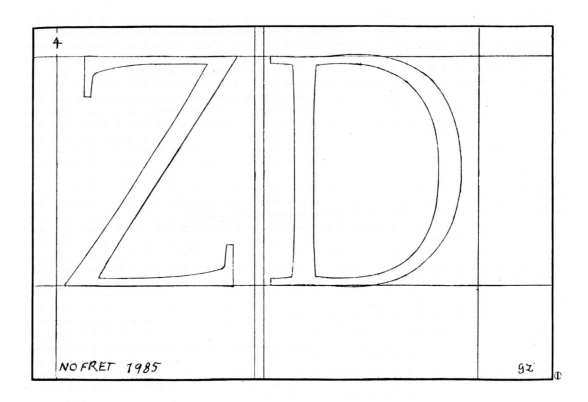

NOFRET 1985   gz

156

light Nofret mager
abcdefghijklmnopqrstuvwxyzäåæöøœßü1234567890%
ABCDEFGHIJKLMNOPQRSTUVWXYZÆÄÅÖØŒÜ

LIGHT NOFRET CAPS MAGER
ABCDEFGHIJKLMNOPQRSTUVWXYZÄÅÆÖØŒÜ1234567890%
ABCDEFGHIJKLMNOPQRSTUVWXYZÆÄÅÖØŒÜ

light italic Nofret kursiv mager
abcdefghijklmnopqrstuvwxyzäåæöøœßü1234567890%
ABCDEFGHIJKLMNOPQRSTUVWXYZÆÄÅÖØŒÜ

regular Nofret normal
abcdefghijklmnopqrstuvwxyzäåæöøœßü1234567890%
ABCDEFGHIJKLMNOPQRSTUVWXYZÆÄÅÖØŒÜ

REGULAR NOFRET CAPS NORMAL
ABCDEFGHIJKLMNOPQRSTUVWXYZÄÅÆÖØŒÜ1234567890%
ABCDEFGHIJKLMNOPQRSTUVWXYZÆÄÅÖØŒÜ

italic Nofret kursiv
abcdefghijklmnopqrstuvwxyzäåæöøœßü1234567890%
ABCDEFGHIJKLMNOPQRSTUVWXYZÆÄÅÖØŒÜ

medium Nofret halbfett
abcdefghijklmnopqrstuvwxyzäåæöøœßü1234567890%
ABCDEFGHIJKLMNOPQRSTUVWXYZÆÄÅÖØŒÜ

medium italic Nofret kursiv halbfett
abcdefghijklmnopqrstuvwxyzäåæöøœßü1234567890%
ABCDEFGHIJKLMNOPQRSTUVWXYZÆÄÅÖØŒÜ

bold Nofret fett
abcdefghijklmnopqrstuvwxyzäåößü1234567890
ABCDEFGHIJKLMNOPQRSTUVWXYZÆÄÅÖØŒÜ

bold italic Nofret kursiv fett
abcdefghijklmnopqrstuvwxyzäåæößü1234567890
ABCDEFGHIJKLMNOPQRSTUVWXYZÆÄÅÖØŒÜ

ORKLI
MPNJ

3

Christiana fett

g.2.91

158

Christiana normal

abcdefghijklmnopqrstuvwxyzäåæöøœüß1234567890
ABCDEFGHIJKLMNOPQRSTUVWXYZÆÄÅÖØŒÜ
.,;:!?-»«/§§$£%&()†‡*ªº1234567890ƒÞþÐðŁłÇç¢fifl¥

CHRISTIANA NORMAL KAP./MED.ZIFF

ABCDEFGHIJKLMNOPQRSTUVWXYZÄÅÆÖØŒ©Ü
ABCDEFGHIJKLMNOPQRSTUVWXYZÆÄÅÖØŒÜ
1234567890Rp₵ffffiffl$¢abdemnorilstŁÐÞÇ

Christiana kursiv

abcdefghijklmnopqrstuvwxyzäåæöøœüß1234567890
ABCDEFGHIJKLMNOPQRSTUVWXYZÆÄÅÖØŒÜ
.,;:!?-»«/§§$£%&()†‡*ªº1234567890ƒÞþÐðŁłÇç¢fifl¥

Christiana halbfett

abcdefghijklmnopqrstuvwxyzäåæöøœüß1234567890
ABCDEFGHIJKLMNOPQRSTUVWXYZÆÄÅÖØŒÜ
.,;:!?-»«/§§$£%&()†‡*ªº1234567890ƒÞþÐðŁłÇç¢fifl¥

Christiana kursiv halbfett

abcdefghijklmnopqrstuvwxyzäåæöøœüß1234567890
ABCDEFGHIJKLMNOPQRSTUVWXYZÆÄÅÖØŒÜ
.,;:!?-»«/§§$£%&()†‡*ªº1234567890ƒÞþÐðŁłÇç¢fifl¥

Christiana fett

abcdefghijklmnopqrstuvwxyzäåæöøœüß1234567890
ABCDEFGHIJKLMNOPQRSTUVWXYZÆÄÅÖØŒÜ
.,;:!?-»«/§§$£%&()†‡*ªº1234567890ƒÞþÐðŁłÇç¢fifl¥

Christiana kursiv fett

abcdefghijklmnopqrstuvwxyzäåæöøœüß1234567890
ABCDEFGHIJKLMNOPQRSTUVWXYZÆÄÅÖØŒÜ
.,;:!?-»«/§§$£%&()†‡*ªº1234567890ƒÞþÐðŁłÇç¢fifl¥

A QUICK BROWN FOX JUMPS OVER THE LAZY DOG

Vorarbeiten für die digitale Druckschrift Alcuin, 1986

A quick brown fox jumps over the lazy dog.

Alcuin ist der Namenspatron
dieser Schrift. Er war als Berater Karls des Großen
verantwortlich für die Schriftreform der Karolinger
Zeit. Um 735 wurde Alcuin in England geboren,
war später Abt in Tours und starb dort 804.
Es war die Idee, eine moderne Textschrift auf
der Grundlage der Karolingischen Minuskel zu
entwickeln. Für eine Druckschrift, die vielseitig
angewendet werden soll, mußte das Handschrift-
liche zurückgedrängt werden, der Duktus des
Geschriebenen aber sollte erhalten bleiben.

ABCDEFGHIJKLMNOPQRSTUVWXYZ
abcdefghijklmnopqrstuvwxyz
& 1234567890

ABCDEFGHIJKLMNOPQRSTUVWXYZ
abcdefghijklmnopqrstuvwxyz
& 1234567890

ABCDEFGHIJKLMNOPQRSTUVWXYZ
abcdefghijklmnopqrstuvwxyz
& 1234567890

ABCDEFGHIJKLMNOPQRSTUVWXYZ
abcdefghijklmnopqrstuvwxyz
& 1234567890

Mode Athen Pax
Requiem Byzanz
Sage Wespe Zopf
Null Clavigo Haus
DTV FILZ Quote
Uhu Quadrat Abt
Joga Spaß Zweck
Darmstadt Xylo ?
OGX 128974206 !
183459067 £$£&

Too many types in use today betray the fact

that their designers were not conversant

with the early forms of letters,

that they had a feeble invention,

a weak sense of proportion or propriety.

Eccentricity of form from the hand of an artist

who is master of himself

and of his subject may be pleasing;

it becomes only mere affectation

when attempted by the ignorant amateur.

FREDERIC W. GOUDY

THE QUICK BROWN FOX JUMPS OVER THE LAZY DOG

Colombine mager

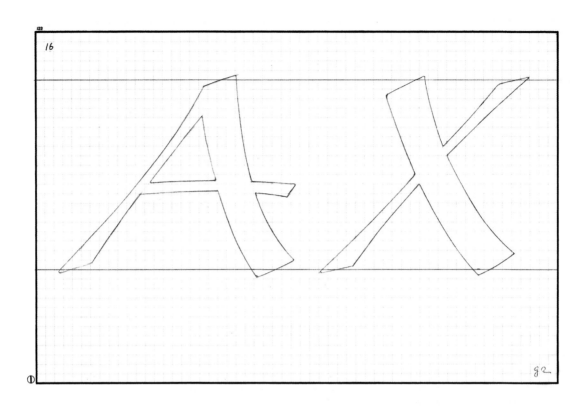

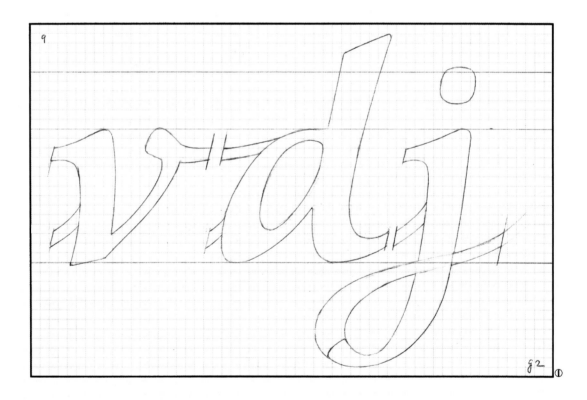

164

Too many types in use today betray the fact
that their designers were not conversant
with the early forms of letters,
that they had a feeble invention,
a weak sense of proportion or propriety.
Eccentricity of form from the hand of an artist
who is master of himself
and of his subject may be pleasing;
it becomes only mere affectation
when attempted by the ignorant amateur.

FREDERIC W. GOUDY

THE QUICK BROWN FOX
jumps over the lazy dog.

Colombine fett

Schriftanwendungen in verschiedenen Techniken

Questa eccellente virtù delo scivere
nannte vor vierhundert Jahren,
der römische Schreibmeister
GIOVANBATTISTA PALATINO
seine Kunst,
aber er sprach nicht von Kunst,
sondern sagte VIRTÙ
und das heißt Tugend.
Erinnern wir uns daran,
daß nach chinesischer Meinung
die Schrift höher
als irgendeine Kunst steht:
Sie ist das Haupt der Künste,
wie es der bewundernswert
gebildete Gelehrte CHIANG YEE
formuliert hat.

KONRAD F. BAUER

Des Lebens
eigentlichen
Anfang
macht
die Schrift

AUS EINEM GRIECHISCHEN WACHSTAFELBUCH
4.–5. JAHRHUNDERT N. CHR.

Plakat für die Ausstellung Gudrun Zapf von Hesse
im Klingspor–Museum der Stadt Offenbach

Wenn Sie wüßten,
wie roh selbst gebildete Menschen
sich gegen die schätzbarsten Kunstwerke verhalten,
Sie würden mir verzeihen,
wenn ich die meinigen nicht unter die Menge bringen mag.
Niemand weiß eine Medaille am Rand anzufassen;
sie betasten das schönste Gepräge,
den reinsten Grund,
lassen die köstlichsten Stücke
zwischen dem Daumen und Zeigefinger hin- und hergehen,
als wenn man Kunstformen auf diese Weise prüfte.
Ohne daran zu denken,
daß man ein großes Blatt mit zwei Händen anfassen müsse,
greifen sie mit Einer Hand
nach einem unschätzbaren Kupferstich,
einer unersetzlichen Zeichnung,
wie ein anmaßlicher Politiker eine Zeitung faßt
und durch das Zerknittern des Papiers
schon im voraus sein Urteil
über die Weltbegebenheiten zu erkennen gibt.
Niemand denkt daran,
daß, wenn nur zwanzig Menschen
mit einem Kunstwerke hintereinander ebenso verführen,
der einundzwanzigste nicht mehr viel
daran zu sehen hätte.

JOHANN WOLFGANG VON GOETHE · DIE WAHLVERWANDTSCHAFTEN

Entwurf für das Goethehaus in Frankfurt am Main, 1948.
In Messing ausgeführt von Karl Nabel.

GLORIA IN EXCELSIS DEO

Et in terra pax hominibus
bonae voluntatis
Laudamus te · Benedicimus te
Adoramus te · Glorificamus te
Gratias agimus tibi
propter magnam gloriam tuam
Domine Deus · Rex caelestis
Deus Pater omnipotens
Domine Fili unigenite · Jesu Christe
Domine Deus · Agnus Dei · Filius Patris
Qui tollis peccata mundi
Miserere nobis
Qui tollis peccata mundi
Suscipe deprecationem nostram
Qui sedes ad dexteram Patris
Miserere nobis
Quoniam tu solus Sanctus
Tu solus Dominus
Tu solus Altissimus · Jesu Christe
Cum Sancto Spiritu
in gloria Dei Patris
Amen

MIR GESTAND DER STERBLICHEN

STAUNEN ALS DAS GRÖSSTE

DA ERDE NICHT WAR

NOCH HIMMEL OBEN

DA BERG NICHT WAR

NOCH IRGEND EIN BAUM

DA MOND NICHT LEUCHTETE

NOCH DAS MÄRCHEN-MEER

DA DORT NIRGENDS NICHTS WAR

AN ENDEN UND WENDEN

DA WAR DOCH

DER EINE ALLMÄCHTIGE GOTT

WESSOBRUNNER GEBET

THE BEST PREACHER
IS THE HEART

THE BEST TEACHER
TIME

THE BEST BOOK
THE WORLD

THE BEST FRIEND
GOD

IN PRINCIPIO ERAT
VERBUM ET VERBUM
ERAT APUD DEUM
ET DEUS ERAT VER
BUM HOC ERAT IN
PRINCIPIO APUD
DEUM

Im Anfang war das Wort,
und das Wort war bei Gott,
und Gott war das Wort.

WIE AN DEM TAG
DER DICH DER WELT VERLIEHEN
DIE SONNE STAND
ZUM GRUSSE DER PLANETEN
BIST ALSOBALD
UND FORT UND FORT GEDIEHEN
NACH DEM GESETZ
NACH DEM DU ANGETRETEN
SO MUSST DU SEIN
DIR KANNST DU NICHT ENTFLIEHEN
SO SAGTEN SCHON SYBILLEN
SO PROPHETEN
UND KEINE ZEIT
UND KEINE MACHT ZERSTÜCKELT
GEPRÄGTE FORM
DIE LEBEND SICH ENTWICKELT

JOHANN WOLFGANG VON GOETHE

ABCDEFGHIJKLMN

OPQRSTUVWXYZ

ABC
DEF
GH
IJ
KLM
NOP
QRST
UVWXYZ

Das ALPHABET,
für uns heute etwas
Selbstverständliches,
ist eines der größten Wunder
der Menschheit.
Wenige geometrische
Grundformen umschließen
unausschöpfbare
Variationsmöglichkeiten
voll Aussagekraft
und künstlerischer
Formgestaltung.

FRANZ PAHNEM

178

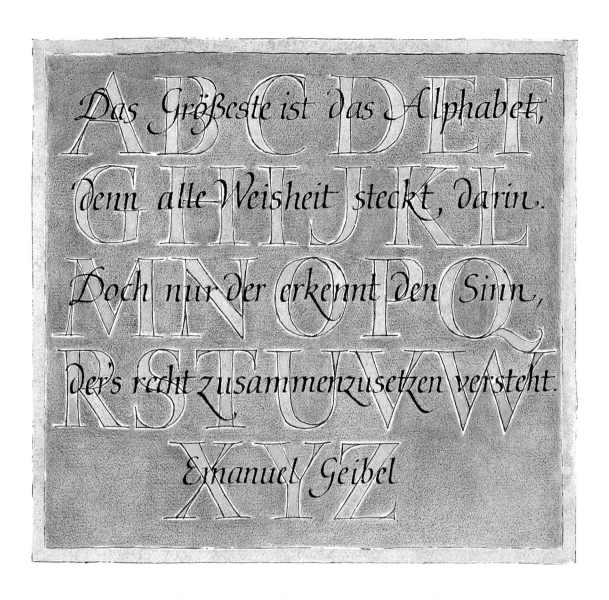

Das Größeste ist das Alphabet,

denn alle Weisheit steckt darin.

Doch nur der erkennt den Sinn,

der's recht zusammenzusetzen versteht.

Emanuel Geibel

A B C D E F G H I
J K L M N O P Q R
S T U V W X Y Z

ON NE VOIT BIEN QU'AVEC LE COEUR L'ESSENTIEL EST INVISIBLE POUR LES YEUX

ANTOINE DE SAINT-EXUPERY · LE PETIT PRINCE

A B C D E F G H I J K L
M N O P Q R S T U
V W X Y Z

EIN NEUES ZEITALTER IST NICHTS ANDERES ALS EIN NEUER GEDANKE GOTTES

RUDOLF VON EMS · AUS DER ‹WELTCHRONIK›
13. JAHRHUNDERT

Um an die Quelle zu gelangen,
muß man gegen den Strom
schwimmen.

STANISŁAW JERCY LEC

Geometry can produce legible letters,

but art alone makes them beautiful.

PAUL STANDARD

JEDER BUCHSTABE IST EINE KLEINE⸒

WOHLAUSGEWOGENE FIGUR·

ES GIBT AUCH SCHLECHTE SCHRIFTEN⸒

SOBALD ABER EINE EDEL IST⸒ SIEHT MAN⸒

WIE JEDER BUCHSTABE IN SICH RUHT·

ROMANO GUARDINI

Nichts gedeiht gut im Schatten eines großen Baumes

Brancusi als Rodin ihm vorschlug in seinem Atelier zu arbeiten

bibliotheca
christiana

Körper und
Stimme
leiht die Schrift
dem stummen
Gedanken,
durch der
Jahrhunderte
Strom trägt ihn
das redende
Blatt.

FRIEDRICH SCHILLER

AN
DIE
NACH-
GEBO-
RE-
NEN

BRECHT

DABEI WISSEN
WIR DOCH · AUCH
DER HASS GEGEN
DIE NIEDRIGKEIT
VERZERRT DIE ZÜGE ·
AUCH DER ZORN
ÜBER DAS UNRECHT
MACHT
DIE STIMME
HEISER · ACH
WIR · DIE WIR
DEN BODEN
BEREITEN WOLLTEN
FÜR FREUNDLICHKEIT ·
KONNTEN SELBER
NICHT FREUNDLICH
SEIN · IHR ABER · WENN
ES SOWEIT SEIN WIRD ·
DASS DER MENSCH DEM
MENSCHEN EIN HELFER IST ·
GEDENKT UNSRER
MIT NACHSICHT ·

Joseph von Eichendorff · Aus dem Leben
eines Taugenichts · Matthias Claudius ·
An meinen Sohn Johannes · Heinrich
von Kleist · Prinz von Homburg · Gott-
fried Ephraim Lessing · Nathan der · O
Weise · Clemens Brentano · Gedichte ·
Friedrich Schiller · Die Räuber · De la
Motte-Fouqué · Undine · Voltaire · Z
Christoph Martin Wieland · Oberon · F

Wir sind Schriftzeichner, Stempelschneider,
Holzschneider, Schriftgießer, Setzer, Drucker
und Buchbinder aus Überzeugung und aus
Leidenschaft, nicht etwa, weil unsere Begabung
zu dürftig wäre für andere, höhere Dinge,
sondern weil für uns die höchsten Dinge in
engster Beziehung dazu stehen.

Rudolf Koch

ütiger, heiliger Gott! welch
sanftes, schönes Fühlen leg=
test du in des Menschen Seele, und
wie grosz wird sie selbst vor dir,
wenn sie Freude fühlt, in ein frem=
des Herz zu schauen und es zu lie=
ben, weil sie weisz, dasz dieses Herz
schön sein wird. ADALBERT STIFTER

Aller gläubigen Brüder in Christo herrliches
Denkmal ist Einigkeit und Friede, grosse
Gedult in Hofnung, von Jesu erlangen sie
Kräfte der Liebe und Mildigkeit gegen den
Nächsten in heiliger Ordnung zu seinem
Preise, welch himmlische Quintessenz die
Ruhe der Seele in allerley Trübsal und
Unglük erhält, Verfolgung abwendet u.
Wonne zu seiner Zeit würket. JOHANN MICHAEL SCHIRMER

191

A
BCD
Das Alphabet
EFGH
für uns heute etwas
IJKLM
Selbstverständliches
NOPQR
ist eines der größten
STUV
Wunder der Menschheit
WXY
Z
FRANZ PANEM

Das Größeste ist das Alphabet,
denn alle Weisheit
steckt darin. GEIBEL

A B C

D E F

Aber nur der erkennt·
den Sinn, der's recht·
zusammenzusetzen versteht·

G H I J K

L M

Buchstaben sind praktische·
und·nützliche Zeichen·

N O P

aber ebenso reine Form·
und innere Melodie.
KANDINSKY

Q R S T U

V W

Körper und Stimme
SCHILLER leiht die Schrift·
dem stummen Gedanken·

X Y Z

durch der Jahrhunderte
Strom trägt ihn
das redende Blatt·

193

A A B B C C D D E E F F G G
H I I J J K K L L M M N
N O O P Q Q R R S
T U U V W W X X Y Z

OMNIA
Alles
besiegt

VINCIT

AMOR

Vergil

die
Liebe

194

SPIEL MIT BUCHSTABEN

Buchstaben sind praktische
und nützliche Zeichen,
aber ebenso reine Form
und innere Melodie.

WASSILY KANDINSKY

MUSIK
IST HÖHERE OFFENBARUNG
ALS ALLE WEISHEIT
UND PHILOSOPHIE

LUDWIG VAN BEETHOVEN

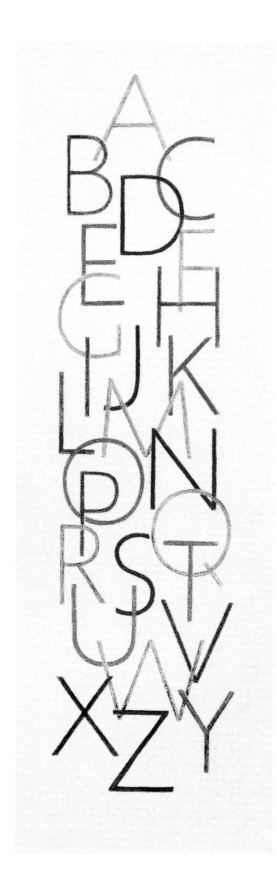

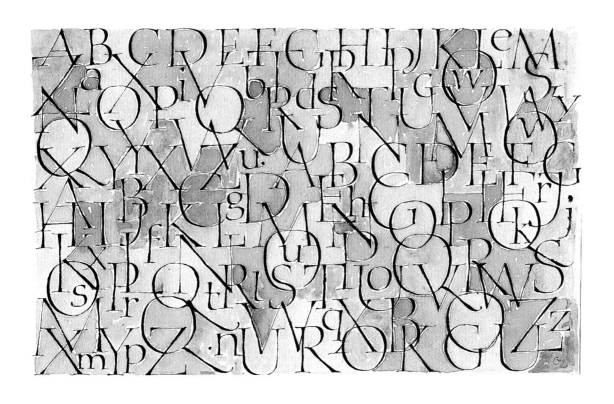

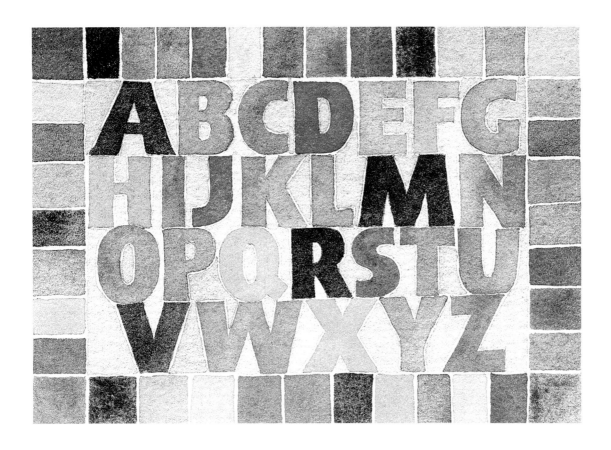

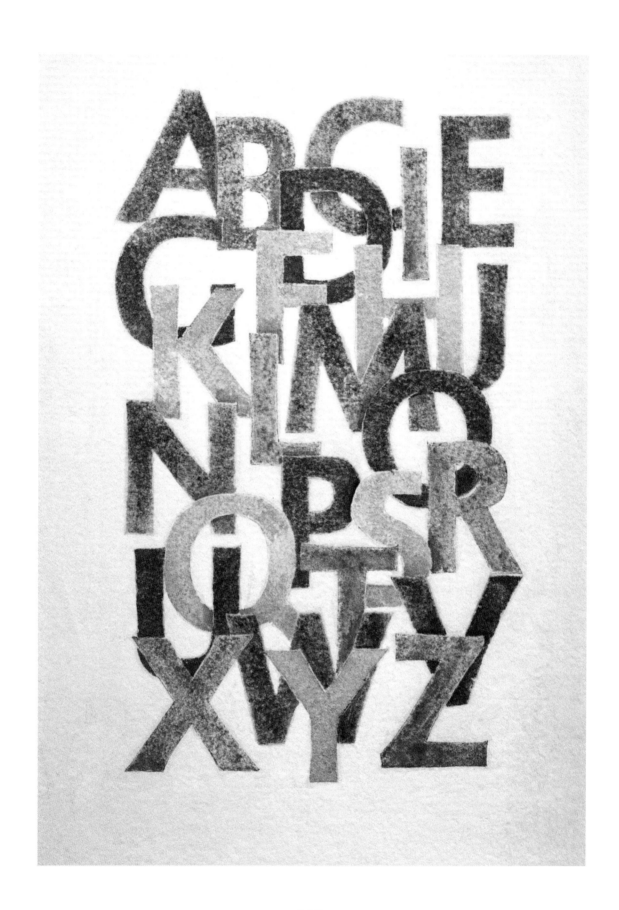

JEAN
COCTEAU

Herz unmodern

VERLAG OTTO ERICH KLEINE

Zeichnungen, Monotypien und farbige Arbeiten

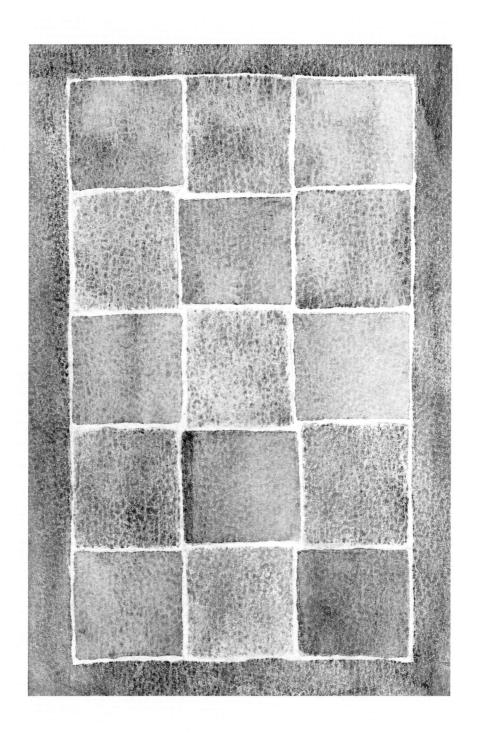

Landschaft am Nil und Ansicht von Assuan

Monotypie, ausgeführt mit Buchdruckfarbe

213

214

215

Aquarellstudie

1918 geboren in Schwerin / Mecklenburg, aufgewachsen in Potsdam.

1934–1940 Buchbinderlehre und Gesellenjahre bei Prof. Otto Dorfner
in Weimar. Schriftschreiben nach Büchern von Rudolf Koch und
Edward Johnston.

1940 Meisterprüfung in Weimar.

1941 Tätigkeit als Buchbindermeisterin in Berlin. Schriftunterricht bei
Johannes Boehland.

1944–1945 Werklehrerin am Sonderlazarett für Hirnverletzte in Bad Ischl.

1946–1955 eigene Buchbinderwerkstatt in Frankfurt am Main.

1946 Hesse Antiqua als Vergoldestempel mit der Hand geschnitten in
der Bauerschen Gießerei, Frankfurt am Main.

1946–1954 Lehrerin für Schrift an der Städelschule, Staatliche Hochschule
für Bildende Künste, Frankfurt am Main.

1948 Schriftentwürfe für die Diotima Antiqua und Kursiv.

1951–1991 Druckschriften: Diotima, Smaragd und Ariadne Initialen
für die Schriftgießerei D. Stempel AG in Frankfurt am Main.

Shakespeare Roman und Italic für Hallmark Cards Inc., Kansas City / Missouri.

Carmina Roman und Italic für Bitstream Inc., Cambridge / Massachusetts.

Nofret und Christiana für die H. Berthold AG, Berlin.

Alcuin und Colombine für URW Software & Type GmbH, Hamburg.

1991 Frederic W. Goudy Award, Rochester Institute of Technology,
Rochester / New York.

Ausstellungen: 1952 Grafiska Institutet, Stockholm. 1970 Klingspor-Museum,
Offenbach am Main. 1985 ITC-Center (International Typeface Corporation),
New York. 1991 Rochester Institute of Technology, Rochester / New York.

1998 Hessische Landes- und Hochschulbibliothek, Darmstadt.

2001 San Francisco Public Library.

Gesetzt in der Nofret Antiqua von Gudrun Zapf von Hesse

Satz und Lithos: Public P3, Frankfurt am Main

Druck: Oehms Druck GmbH, Frankfurt am Main

Gebunden in der Buchbinderei G. Lachenmaier GmbH, Reutlingen

Sonderausgabe: Buchbinderei Gert Hoffrath, Darmstadt

English language edition: Mark Batty, Publisher. West New York NJ

Buchgestaltung: Hermann Zapf, Darmstadt